和田裕弘著

柴田勝家

織田軍の「総司令官」

中央公論新社刊

はじめに

歴史好きの方で柴《しば》田《た》勝家《かついえ》という戦国武将を知らない人は、まずいないだろう。知名度は抜群である。だが勝家にはどうしても豊臣《とよとみ》（羽柴《はしば》）秀吉《ひでよし》の引き立て役としてのイメージが付きまとう。墨俣《すのまた》一夜城の築城に失敗し、その功を秀吉に奪われ、本能寺《ほんのうじ》の変後の対処では秀吉の後手に回って清須《きよす》会議で秀吉の独断を許し、最後は賤ヶ岳《しずがたけ》の戦いで「猿冠者《さるかじゃ》」と蔑《さげす》んだ秀吉に敗北し、自害して果てる。猪突猛進《ちょとつもうしん》型の猛将という印象が強く、抜け目のない秀吉にまんまとしてやられたという描かれ方が多い。また、織田信長《おだのぶなが》在世時から勝家と秀吉は仲が悪かったという刷り込みもある。

勝家に関する逸話を見ると、たしかに「瓶割《かめわり》柴田」「鬼柴田」など勇猛果敢な武将という側面が強調されているものが多いが、最期に臨んで清々《すがすが》しい振る舞いを見せたという逸話も伝わっている。敗戦の責を他人に求めず、また家臣に対しても、ともに自害することを強要しないなど、大将たる器にふさわしい度量を備えた武将という一面も垣間見《かいまみ》られる。また、信長との関係を窺《うかが》わせるエピソードも伝わっているが、通常、信長とのエピソードといえば、明智光秀《あけちみつひで》のように信長から苛《いじ》められたり、羽柴秀吉のように厳しい処分を受けたものが多いものの、勝家に関しては、逆に信長をやり込めたという逸話がある。これは珍しい事例であろう。信長にも引けをとらない武将だったという名残でもあろうか。越前国《えちぜんのくに》を「支配」した勝家を訪問した宣教師の記録には、勝家の地位や権力は、越前国においては信長にも等しい、と表現されているほどである。

勝家について少し詳しい人なら、信長を一度は裏切ったが、信長との戦いに大敗して相手の実力をまざまざと見せつけられて帰順し、その後は主君信長に忠義を尽くし、織田家の重鎮として活躍したということをご存じだろう。しかし、多少厳密な見方をすれば、勝家は信長を裏切ったこともなければ、信長に戦場で後れをとったこともない。本書では、こうした先入観を一つ一つ剝《は》ぎ取って、勝家という人物の実像に迫りたい。

秀吉が名乗った「羽柴」という名字は、織田家重臣の丹羽長秀《にわながひで》の「羽」と、柴田勝家の「柴」を組み合わせたものと推測されている。信頼できる史料からは確認できないが、おそらく通説通りの解釈でいいだろう。もし、勝家と仲が悪ければ、勝家の名字から一字を拝借することはないだろう。もちろん、御機嫌取りでもなかろう。

勝家に対する研究も、信長の家臣に対する研究の進展とともに深まっている。北陸軍の総大将として上杉《うえすぎ》氏を滅亡寸前まで追い詰め、北陸道の総督として伊達《だて》氏などとの外交にも手腕を発揮したことや、越前国の統治の解明も進みつつある。また、近年、本能寺の変後の勝家の動向が分かる貴重な史料も発見されており、変後の勝家をめぐる動きにも新たな視点が当てられつつある。いわゆる「中国大返し」を成功させた秀吉を上回るスピードで光秀討伐（実現はしなかったが）に向かったことなどが明らかになっている。

最終的には秀吉と全面対決し、賤ヶ岳の戦いで敗れ、本城である北庄《きたのしょう》城に戻って壮絶な最期を飾った。その後、秀吉は勝家を斃《たお》した勢いをもって「天下統一」を成し遂げる。秀吉にとって最大の敵は、本能寺の変で主君信長を急襲した明智光秀ではなく、ましてや小牧《こまき》・長久手《ながくて》の戦いで苦戦した徳川家康《とくがわいえやす》などでもなく、織田家の総司令官とも評された柴田勝家だったであろう。信長の伝記『信長公記《しんちょうこうき》』の著者太田牛一《おおたうしかつ》も、勝家について「信長公のうちにては武辺の覚《おぼえ》、その隠れなし」と評価しているほどである。

山崎《やまざき》の戦いから賤ヶ岳の戦いに至る一年弱の間の秀吉は、その生涯で最も輝いていた時期であり、まさに絶好調であった。信長の遺児（信雄《のぶかつ》と信孝《のぶたか》）の扱いには苦慮したが、やることなすことすべてうまくいったという印象である。秀吉は勝家を斃したあと、毛利《もうり》方の小早《こばや》川隆景《かわたかかげ》に宛《あ》てた書状の中で、勝家との賤ヶ岳の戦いについての詳細を知らせ、「柴田勝家は、秀吉が若い時からたびたび武功を挙げていた武辺者であり、三度まで鑓《やり》を合わせ、目を驚かせた」と勝家を称《たた》えている。勝家の最期の場面についても「日頃から武辺を心掛けている武士だけに、七度まで切って出て戦ったが、防ぐことができず、天守の九重目まで上がり、秀吉軍に言葉をかけ、『勝家の切腹の仕方を見て、後学にせよ』と呼びかけた。心ある侍は涙を流し、鎧《よろい》の袖《そで》を濡らし、あたりはひっそり静まり返った。勝家は妻子や一族を刺殺し、八十人余りが切腹して果てた」と伝えている。劇的な情景が浮かんでくる。

また、秀吉はこの書状の中で、勝家を猛追したことで秀吉側にも犠牲者が出たが、「日本の治まりは、今この時である」と決断したので兵士を討死させても秀吉の不覚にはならないと思った、とも記している。秀吉は勝家が最大の敵であると自覚し、賤ヶ岳の戦いを「天下分け目」の戦いと認識していた。秀吉の伝記作者といわれる大村由己《おおむらゆうこ》も、軍記『柴田退治記』の中で、勝家との戦いが天下を決するとの認識を披露している。

勝家は戦国武将の中でも著名な部類だが、本編に入る前に簡単にその生涯を概観しておこう。

信長の弟信勝《のぶかつ》（系図類に見える信行《のぶゆき》は良質な史料では確認できない）の家老として歴史に登場する。信勝を織田家（弾正忠《だんじょうのちゅう》家）の家督に据えるために信長と敵対したこともあったが、稲生原《いのうはら》の戦いで敗れ、信長に降伏。信勝が再度の謀叛《むほん》を企てたため、信長に密告し、このため信勝は誘殺された。その後、信長に転仕し、織田家の軍奉行《いくさぶぎょう》（合戦に際して軍事全般の総指揮に当たる）として活躍した。

永禄《えいろく》十一年（一五六八）の上洛《じょうらく》以来、各地で奉行職（政務の執行者）をこなしつつ、伊勢《いせ》の北畠《きたばたけ》攻め、北近江《おうみ》の浅井《あざい》攻め、越前の朝倉《あさくら》攻めなどに従軍し、活躍した。天正《てんしょう》三年（一五七五）の越前再征後は、越前国の支配を任され、以降、北陸道の総督として、越前国の支配を強化しつつ、加賀国《かがのくに》、能登国《のとのくに》、さらには越中国《えっちゅうのくに》へと侵攻し、着実に成果を上げ、上杉景勝《かげかつ》を滅亡寸前まで追い詰めていたが、本能寺の変で事態は急変した。

柴田勝家像　柴田勝次郎氏蔵、福井市立郷土歴史博物館保管

明智光秀の討伐では、地の利が悪く秀吉に後れをとった。信長の妹お市《いち》と再婚し、織田一門として、野心に燃える秀吉を掣肘《せいちゅう》するため、信長三男の信孝、織田家重鎮の滝川一《たきかわいち》益《ます》らと結び、反秀吉の行動を起こすが、賤ヶ岳の戦いに敗れ、本城の北庄城に帰城したあと、秀吉軍を前に華々しい最期を飾った。勝家の敗戦によって秀吉の天下統一を招来し、

豊臣政権を誕生させ、さらには江戸幕府へと時代は流れていくことになる。

勝家の風貌《ふうぼう》を伝えるものとしては、近年公開された紙本著色《しほんちゃくしょく》「柴田勝家像」がある。「本像を伝えたのは、北庄城落城後、筑後柳河《ちくごやながわ》（川）に逃れたという勝家の子、勝春《かつはる》の子孫で、のちに藩主立花《たちばな》氏の保護を受けて累代同氏に仕えた柳川柴田氏である」（『柴田勝家―北庄に掛けた夢とプライド―』）。また、別の史料には白髭《しらひげ》を蓄えていたというのもある。

勝家についての伝記は、新書のような形態では見当たらないようである。本書では、時系列に沿って勝家の動きを追いかけつつ、良質な史料から浮かび上がってくる勝家像に迫りたい。

柴田勝家　目次

第三章　越前時代

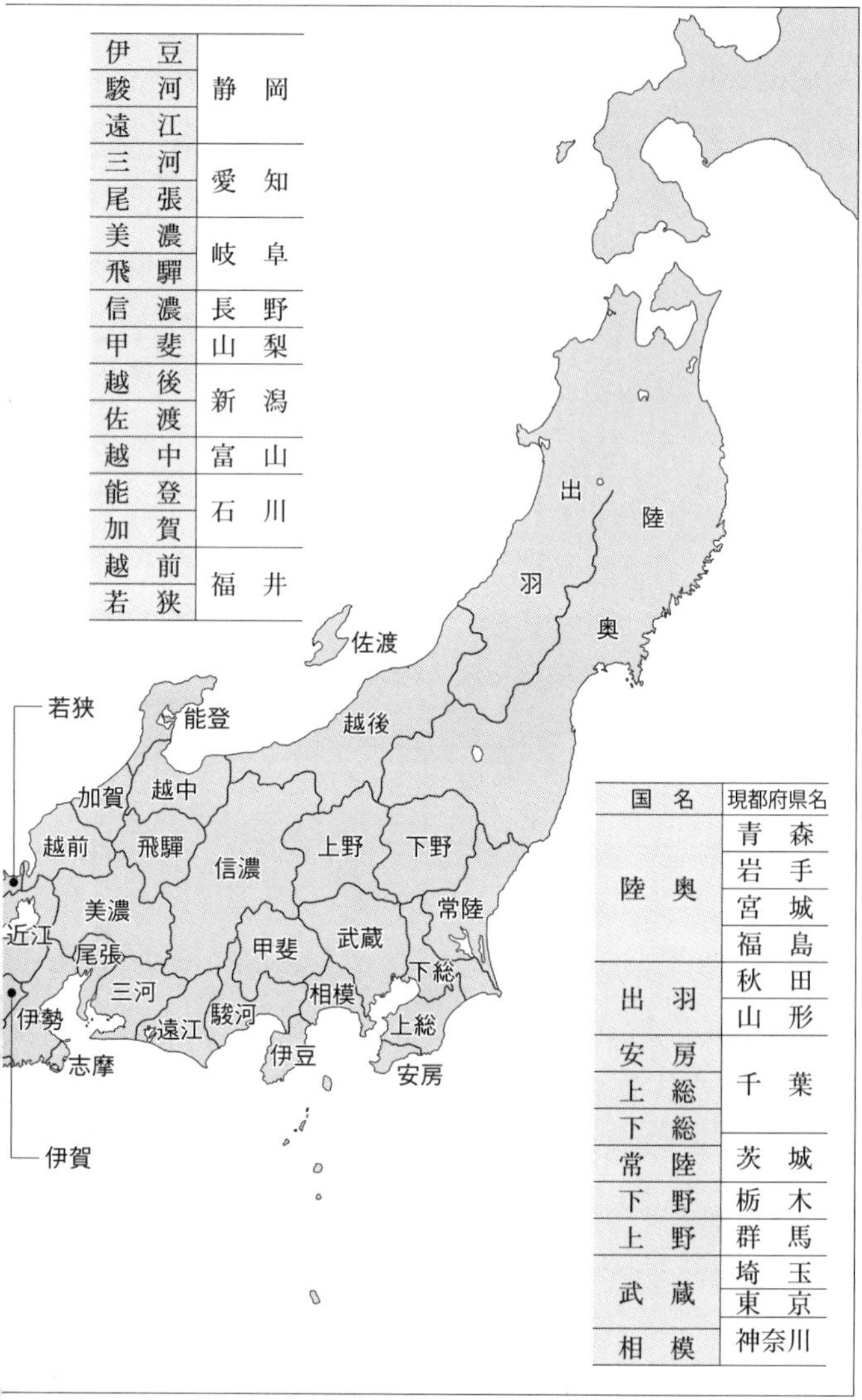

伊豆	静岡
駿河	
遠江	
三河	愛知
尾張	
美濃	岐阜
飛騨	
信濃	長野
甲斐	山梨
越後	新潟
佐渡	
越中	富山
能登	石川
加賀	
越前	福井
若狭	

国名	現都府県名
陸奥	青森
	岩手
	宮城
	福島
出羽	秋田
	山形
安房	千葉
上総	
下総	
常陸	茨城
下野	栃木
上野	群馬
武蔵	埼玉
	東京
相模	神奈川

旧国名地図．国名は『延喜式』による．

筑前	福岡
筑後	
豊前	
豊後	大分
日向	宮崎
大隅	鹿児島
薩摩	
肥後	熊本
肥前	佐賀
壱岐	長崎
対馬	

阿波	徳島
土佐	高知
伊予	愛媛
讃岐	香川
備前	岡山
美作	
備中	
備後	広島
安芸	
周防	山口
長門	
石見	島根
出雲	
隠岐	
伯耆	鳥取
因幡	

近江	滋賀
山城	京都
丹後	
丹波	
但馬	兵庫
播磨	
淡路	
摂津	
和泉	大阪
河内	
大和	奈良
伊賀	三重
伊勢	
志摩	
紀伊	和歌山

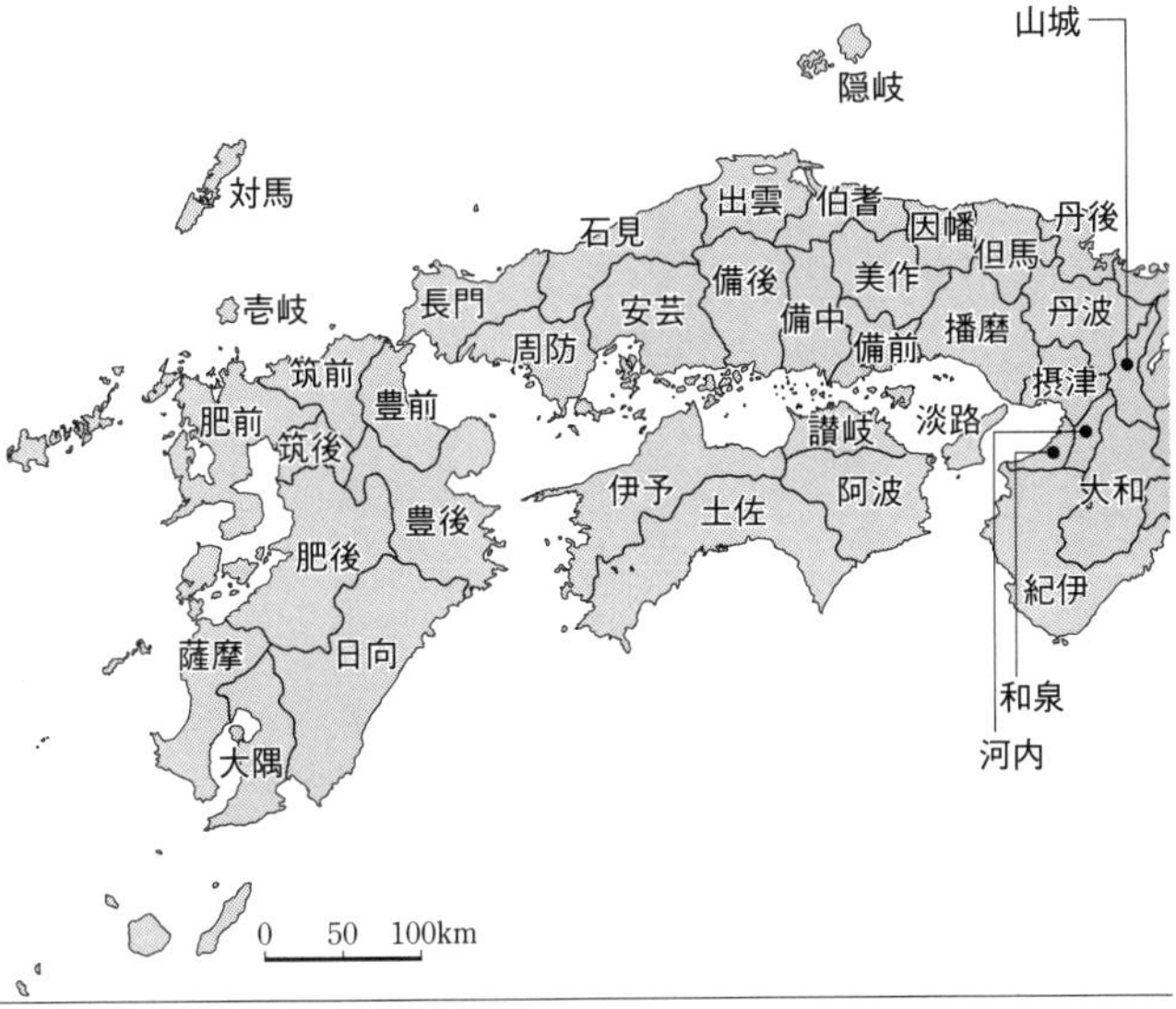

戦国期において、個人の実名（諱）は不詳であることが少なくない。たとえばキリシタン大名として著名な高山右近は、重友など複数の諱が伝わるが、そう名乗った事実を良質な史料から確認することは困難である。そのため本書では、より確実である右近という通称を優先的に用いた。諱の読みについても同様に不確定だが、読者の便宜を考慮し、著者の推測により読み仮名を振った場合があることをお断りしておく。

柴田勝家

第一章　尾張時代

1　出自

勝家の先祖

柴田勝家の出自は判然としない。先祖はおろか、父親の存在自体、良質な史料では確認できない。勝家に関する系図はいくつか伝わっている。兄弟は不明だが、佐久間《さくま》氏に嫁した姉か妹がいたことは確かだろう。系図自体、基本的には信を置きがたいが、比較的信頼できる系図として代表的なものは江戸幕府が編纂《へんさん》した『寛永諸家系図伝《かんえいしょかけいずでん》』（以下『寛永伝』）、および『寛政重修諸家譜《かんせいちょうしゅうしょかふ》』（以下『寛政譜』）だろう。

『寛永伝』に記載されている勝家の系図はごくシンプルである。父祖の記述はなく、勝家から始まる。子供は男子三人（権六《ごんろく》、三左衛門勝政《さんざえもんかつまさ》、伊賀守勝豊《いがのかみかつとよ》）のみで、三人とも養子として

柴田氏略系図

勝家─┬─権六
　　　├─三左衛門勝政
　　　└─伊賀守勝豊

いる。これがのちに編纂された『寛政譜』になると、怪しげな情報が付加される。始祖は修理大夫《しゅりのだいぶ》義勝《よしかつ》、斯波《しば》氏の支族とし、越後国《えちごのくに》柴田《ママ》城を拠点としたことから柴田を名乗ったとしている（子供などは後述する）。

『尾張群書系図部集《おわりぐんしょけいずぶしゅう》』には、柴田勝家に関連する系図がまとまって掲載されていて便利だが、旧家の系図などを編纂して「私見を試みた」ものであるため、利用には多少の難が伴う。勝家の曽祖父義勝（斯波高経《たかつね》四代の孫）以降が記されている。その子源六《げんろく》土佐守《とさのかみ》勝重《かつしげ》（勝家の祖父）、その子土佐守勝義《かつよし》（勝家の父）と続く。

『土佐諸家系図』所収の清和源氏《せいわげんじ》柴田系図は、源　義国《みなもとのよしくに》（足利《あしかが》・新田《にった》両氏の祖）から勝家の祖父義勝、父義廉《ママ》へとつなげているが、まったく信用できない。『諸家系図纂』も勝家から始まり、子供は宮内少輔《くないのしょう》（早世）、三左衛門尉《さんざえもんのじょう》勝政、伊賀守勝豊の三人で、勝政、勝豊は養子。大部の系図集成である『本朝武家諸姓分脈系図』では、父は家勝《いえかつ》としている。勝家の後裔《こうえい》を称する家の系図には父を勝総《かつふさ》としているものもある（『柴田勝家伝』）。

　このほか、勝家に関して唯一ともいえるまとまった史料の『柴田勝家公始末記』（以下、『始末記』と略記）は父を土佐守とし、本国を越後としている。数多くの柴田氏の系図を収載している『柴田一族』は、大江《おおえ》氏とし、父は修理亮家直《しゅりのすけいえなお》としている。

勝家の父親の事績は確認できないものの、勝家は織田信秀《おだのぶひで》（信長《のぶなが》の父）の家臣として息子信勝《のぶかつ》の家老になっていることを踏まえると、勝家一代でのし上がったのかもしれないが、祖父や父はそれなりの地位の国衆《くにしゅう》（在地を支配した領主。国人《こくじん》、土豪とほぼ同義）だったのではなかろうか。また、姉か妹が尾張国の大族ともいえる佐久間氏の本流と思われる盛次《もりつぐ》に嫁していることから、佐久間氏に対しても遜色《そんしょく》のない地位、もしくは出自であった可能性もあろう。信長の重臣として活躍した勝家について、父親すら分からないというのは、一見不思議なような気もするが、信長の家臣の中で父祖の一次史料が確認できる武将はむしろ例外に属し、多くは不明である。

勝家登場以前の尾張国における柴田氏を確認してみよう。

永正《えいしょう》十八年（一五二一）十一月十三日付（大永《たいえい》元年に改元後の日付だが、とくに問題はないと思われる）で柴田久吉《ひさよし》が、尾張国中島郡《なかじま》の天福寺《てんぷくじ》領の坪付注文《つぼつけちゅうもん》（田地の帳簿）を作成し、妙興寺《みょうこうじ》に報告している（『妙興寺文書』）。この久吉は大永五年（一五二五）七月にも妙興寺に対し、末寺の天福寺寄進分について違乱《いらん》（不法行為）しない旨を伝えている。勝家の家臣の柴田久介（『尋憲記《じんけんき》』）は、久吉に連なる者だろう。

勝家の時代になると、『信長公記』に柴田角内《かくない》という人物が二か所に登場するが、勝家との関係は不明である。一次史料では、元亀《げんき》四年（一五七三）二月、尾張国の密蔵院《みつぞういん》に祠堂米《しどうまい》

（先祖供養などのため納めた米）を寄進している柴田道楽《どうらく》という者が確認できる（『密蔵院文書』）。また、天正《てんしょう》七年（一五七九）十月、尾張国の広井八幡宮《ひろいはちまんぐう》の本殿を建立した柴田七蔵家《いえ》親《ちか》がいる（『名古屋寺社記録集』）。勝家と家親との関係は不明だが、家親の家は勝家からの偏《へん》諱《き》（一字拝領）の可能性もある。家親は一説には信長に近侍する前は今川《いまがわ》氏に仕えていたともいう。

『織田信雄分限帳《のぶかつぶげんちょう》』（信雄の領地である尾張・伊勢《いせ》の家臣団の知行地《ちぎょうち》を書き上げたもの）には、柴田源八（千五百貫文）、柴田七右衛門（三百貫文）、柴田吉十郎（二百五十貫文）、柴田七蔵（三百三十貫文）らが記載されているが、勝家との関係は詳《つまび》らかではない。七蔵は七蔵家親と同一人物、もしくは後継者だろう。

勝家の父祖ははっきりしないが、羽柴秀吉《はしばひでよし》のように一代で世に出たのではなく、前述のようにそれなりの基盤があって、勝家の器量とも相俟《あいま》って頭角を現していったと思われる。

勝家の生い立ち

勝家の父祖は確定できないが、勝家自身の生い立ちも不詳である。本国を越後国としているのはそのままには信用できない。勝家自身の出身は尾張国でいいだろう。『尾張志《おわりし》』『張《ちょう》州府志《しゅうふし》』など尾張の地誌類は愛知《あいち》郡上社《かみやしろ》村（名古屋市名東区）出身とし、『尾張国人物志』

『尾張国人物志略』も「上社村」出身としているが、『尾州古城志《びしゅうこじょうし》』『尾州濃州御領分古城記《びしゅうのうしゅうごりょうぶんこじょうき》』などは「下社村《しもやしろ》」である。

また、『尾張出生武士《おわりしゅっしょうぶし》』は「愛知郡社《やしろ》村出生」としている。上社村にしても社村（地名辞典によると、上社村、下社村、一色《いっしき》村周辺一帯）にしても否定する材料がないので、現状では上社村出身としておく。また、出生地は下社村の明徳寺《みょうとくじ》ともいわれる。

勝家の生年についても諸説あってはっきりしない。勝家は天正十一年（一五八三）四月、賤ヶ岳の戦いに敗れ、北庄城に戻って自害して果てた。この時の没年齢はざっと確認しただけでも五十七歳から六十二歳まで幅広い（年齢は数え年。以下同様）。

『武家聞伝記《ぶけぶんでんき》』は、信長を筆頭に享年を記述している『古今之武将他界之覚《ここんのぶしょうたかいのおぼえ》』という史料を引き、勝家の享年を五十七としている。『武家事紀《ぶけじき》』『続本朝通鑑《ぞくほんちょうつがん》』も五十七歳。このほか、『北畠物語《きたばたけものがたり》』『織田三七信孝《さんしちのぶたか》卿譜諞《ふるい》』は五十八歳、『越前国主記《えちぜんこくしゅき》』『新撰《しんせん》豊臣実録』は六十二歳としている。宣教師の記録（一五八四年一月二十日付ルイス・フロイス書簡）には六十歳とある。

フロイスは直接勝家と面会したことがあり、その意味では信憑性《しんぴょうせい》は高いが、こと年齢に関しては他者の記述では正確ではない場合もあるので、没年齢は五十七歳として記述を進めていく。大永七年（一五二七）生まれとなり、信長より七歳の年長である。佐久間信盛《のぶもり》や滝《たき》川一益《かわいちます》（読みについては、宣教師の記録や『寛永伝』などから「たきかわいちます」と思われる）と同世代になる。『信長公記』の著者である太田牛一《おおたうしかつ》とは同い年である。

なお、誕生日まで記載している史料もある。『清須翁物語《きよすおうものがたり》』は大永六年（一五二六）八月十八日、愛知郡御器所《ごきそ》村（名古屋市昭和区）で生まれた、としている。御器所村であれば、佐久間氏の本拠でもあり、興味深い説ではある。

ちなみに、名乗りについては、通称は権六、官途名《かんとめい》は修理進《しゅりのじょう》、のち修理亮、諱《いみな》（実名）は勝家。軍記物などでは修理の中国風の名称である「匠作《しょうさく》」と記されることもある。諱の勝家の「勝」は偏諱の可能性もある。勝家の年齢から推測すると主君「信勝」からの偏諱の可能性は低い。勝家の身分ははっきりしないが、尾張守護代（守護の代官）織田達勝《みちかつ》からの偏諱である可能性もある。

勝家の一族

兄弟姉妹も残念ながらはっきり分からない。『寛永伝』『寛政譜』『干城録《かんじょうろく》』『諸家系図纂』ともに兄弟姉妹の記述はない。『始末記』には、兄弟として、紀州根来寺《ねごろじ》の住僧となった粉川法印《こかわほういん》という人物を載せている。姉妹には、佐久間氏に嫁した女性を載せ、佐久間玄蕃《げんばの》允盛政《じょうもりまさ》、同久右衛門尉安次《きゅうえもんのじょうやすつぐ》、同源六郎実政《さねまさ》、柴田三左衛門尉勝政、同監物義宣《けんもつよしのぶ》の五兄弟の実母としている。

『尾張群書系図部集』の柴田氏の系図には、兄弟として源吾《げんご》宮内少輔某を載せている。元和《げんな》元年（一六一五）、六十八歳で没としているので、生年は天文《てんぶん》十七年（一五四八）になる。勝家の生年がはっきりしないが、二十歳くらい離れた弟ということになり、あり得ない話ではないとはいえ、信憑性は低い。姉妹については、『系図纂要』では佐久間氏の系図に、佐久間盛次に嫁し、盛政、安次、勝政を生んだ女性を勝家の妹としている。また、『美濃国《みののくに》諸家系譜』などによると、滝川一益の室は勝家の妹という。勝家の養子勝豊は、勝家の姉と吉田《よしだ》次兵衛との間の子供ともいうが、『諸家系図纂』『十竹斎筆記《じっちくさいひっき》』には今井《いまい》次兵衛の子供とある。なお、盛次は信長の重臣佐久間信盛とは従兄弟《いとこ》という系図もある。左に示したのは『寛政譜』の佐久間氏の略系図である。

佐久間氏略系図

盛重――盛次――盛政
　　　　　　├安政
　　　　　　├勝政
　　　　　　└勝之

勝家の室は、後妻に迎えた信長の妹お市（一五七頁以降で後述）が著名だが、先妻についてははっきりしない。江戸時代の随筆『古《こ》老茶話《ろうちゃわ》』などには、勝家の前妻は飯尾定宗《いいのおさだむね》の娘とある。定宗は織田一族であり、勝家の室として納得できる家格ではある。ただ、定宗周辺の系図を見ても勝家に嫁した女性は見当たらない。勝家前妻の飯尾氏は天正四年（一五七六）の冬（一説には十一月）に死去したともいう。『始末記』には、妾《めかけ》として佐野之方《さののかた》を記し、佐野六郎の娘としている。佐野之方との間には四人の子供を儲《もう》け、息女末森之方《すえもりのかた》（於蝶殿《おちょうどの》）は、勝家の養子勝豊の室としている。勝豊は女婿《じょせい》と理解した方がいいのだろう。

次に子供について見ていく。まずは男子。系図類には怪しげな人物の記載もあり、また、養子と実子が入り混じっている。本当に養子だったかどうかもはっきりしない。柴田の名字を与えることで擬制的な一門として遇した可能性もある。すでに述べたように、『寛永伝』は権六、三左衛門勝政、伊賀守勝豊の三人の養子を載せる。権六は、養子とする系図類もあるが、おそらく実子であろう。フロイスの書簡を見ると、勝家の「実子である継嗣」との記述があり、信長はこの嫡子に自分の息女を「嫁がせるため」に与えたとある。権六のことであろう。異説として、滝川一益の息女於伊地《おいち》は権六の室という（『滝川系図』『池田氏家譜集成』）。『石谷家文書《いしがいけもんじょ》』所収の書状には、天正十年（一五八二）に滝川と柴田が縁者になったという情報が記されていることから、この縁組の可能性もあるが、信長の息女を差し置いて一益の息女を娶《めと》るとは考えにくい。

次に勝政は、実子か養子か判然としないが、家臣からは「御父子様《ごふしさま》」と認識されていた（『剣《つるぎ》神社文書』）。系図では通称を三左衛門としており、混乱している。良質な史料で確認すると、勝家の周辺には、柴田辰千代《たつちよ》勝政、柴田三左衛門尉勝安《かつやす》という人物がいる。花押《かおう》（サイン）も異なり（花押を変化させた可能性も想定できるが、確認できない）、別人である。つまり、系図に見える三左衛門勝政という人物は確認できない。辰千代勝政は、のち宮内少輔を名乗っており、勝家とは父子関係（「御父子様」）と記されている。宮内少輔勝政は天正六年（一五七八）を最後に良質な史料では確認できなくなり、早世した可能性がある。柴田三左衛門尉というのは良質な史料で確認できるのは勝安のことである。宮内少輔勝政を引き継いだのが三左衛門尉勝安だったため、混同して「三左衛門尉勝政」という人物が作り出されたという見方もある。以降、史料に「三左衛門」「三左衛門尉」で登場する人物は勝安として記す。

　養子として確実なのは伊賀守勝豊である。勝家の子であることは『尋憲記』『言継卿記《ときつぐきょうき》』などで確認できる。元亀四年（一五七三）、信長は将軍義昭《よしあき》と決裂し、上洛《じょうらく》して上京《かみぎょう》（京都市街の北部）を焼き討ちして威嚇《いかく》したが、下京《しもぎょう》（同じく市街の南部）は焼き討ちを免れるために信長以下に献金し、その出納帳（『下京《しもぎょう》中《ちゅう》出入《でいり》之《の》帳《ちょう》』）が残っている。元亀四年六月十八日付である。勝家の家中の者も記載されており、勝家は別格だが、「柴田おいかさま」は、「柴田源左衛門尉殿」「柴田理介殿」の二倍以上の額である。敬称も他の家臣の「殿」ではなく、格上の「さま」である。「伊賀」は幼名という史料があるので「おいか」と表記したのだろう。伊賀守勝豊と推測されている。

次いで息女も確認してみよう。息女の一人は、山城《やましろ》・大和《やまと》両国の守護を兼務した原田直政《はらだなおまさ》（塙正勝《はのうまさかつ》、同直政。のち原田と名乗る）に嫁した大野木殿《おおのぎどの》。直政の出身は尾張国大野木であり、それからの命名であろう。森可成《もりよしなり》の五男といわれる森忠政《ただまさ》を養子としていた。のちに忠政は、父や兄が討死したため、森家を継ぐことになる。『武家聞伝記』『森家先代実録』をはじめとした森家の史料や美作国《みまさかのくに》の地誌類などによると、美作国津山《つやま》藩の初代藩主となった忠政は、逼塞《ひっそく》していた大野木殿を津山に呼び寄せ、「御母公様《ごぼこうさま》」と敬って面倒を見たという。一次史料では、勝家と直政の関係について『長福寺文書《ちょうふくじ》』某書状中に「柴修九郎左御間からの事（柴田修理亮勝家と塙九郎左衛門尉直政の御間柄のこと）」という文言があり、義父と女婿の関係と理解していいだろう。

2　信長実弟の家老

主君信勝との関係

柴田勝家の史上への登場は、やはり『信長公記』である。『信長公記』については旧著（『信長公記―戦国覇者の一級史料』）で取り上げたことがあるが、本書でも利用頻度が高くなるため、簡単に説明しておこう。信長の弓衆だった太田牛一が著したもので、いわば信長の一代記である。他の軍記物とは一線を画する信頼できる記録である。自筆本や写本を含め数多くの伝本が伝わっているが、書名がまちまちであることから、引用の場合は煩雑さを避けるため、とくに注記しない限り『信長公記』で統一した。

信長の父信秀は、尾張守護代織田家の家臣の家系出身ながら、かなり優秀な武将だったことから尾張国の旗頭的な地位にまでのし上がり、隣国の美濃国や三河国《みかわのくに》まで攻め込むほどの力量を持っていた。しかし、両面作戦の失敗など失意の晩年だったようである。信長十九歳の天文二十一年（一五五二）、四十二歳で病死した。その銭施行《ぜにせぎょう》（参列者に銭を施す催事）の場に勝家も登場する。信長が仏前に向かって抹香を投げつける有名な場面である。一般的には葬儀の席でのことと思われているが、『信長公記』には「銭施行」とある。尾張国内の僧侶《そうりょ》はもとより、関東を上り下りしていた会下僧《えげそう》も含めて三百人ほどが集まったという。信長には、林《はやし》、平手《ひらて》、青山《あおやま》、内藤《ないとう》の四家老が付き従った。

対する信長の同母弟の信勝には、柴田勝家を筆頭に、佐久間大学（盛重《もりしげ》）、佐久間次右衛門、長谷川《はせがわ》宗兵衛、山田《やまだ》弥右衛門が同道した。

信秀の家督は、信長と信勝との分割相続のかたちになったようである。信秀が晩年本城とした末盛《すえもり》城は信勝が相続した。「柴田権六、佐久間次右衛門、此外《このほか》歴〳〵相添《あいそえ》御《お》譲也《ゆずりなり》」とあり、勝家と佐久間次右衛門のほかに「歴々」が信勝に付けられた。「歴々」の具体名が記されていないが、銭施行で付き従った長谷川宗兵衛や山田弥右衛門も信勝付になったと思われる。長谷川宗兵衛や、後述する津々木《つづき》（都築）蔵人《くらんど》は、もともとは信長の庶兄信広《のぶひろ》付の家臣だったと思われる。信広は天文十八年（一五四九）、安城《あんじょう》城を守備していたが、今川軍の捕虜となる失態を演じたため、信秀の後継者候補から脱落し、宗兵衛や蔵人は信勝付に転身したようである。山田弥右衛門は信秀の勘定奉行のような仕事をしていた人物だが、信秀没後は信勝付として信勝家中の財政を担当したのだろう。

勝家のあとに記されている佐久間次右衛門という人物は、信長の重臣となった佐久間右衛門尉信盛と通称が似ているが、『信長公記』には別人として記述されているので、別人と推測されている。次右衛門は盛重の次男と読める系図（『佐久間家正統略系譜』）がある。銭施行で信勝に付き従った盛重は信長付になっているので、父子関係とすれば、ともに信長に転仕したのかもしれない。いずれにしても佐久間次右衛門は謎《なぞ》の人物の一人である。

信長に付けられた家老衆と信勝に付けられた家老衆には、それほどの格差はないと思われ、分割相続だったようである。勝家の主君は、信秀没後は信長ではなく信勝だったことを確認しておきたい。

のちに勝家は、信勝の再度の謀叛を信長に密告したため、信勝は信長に誘殺されることになる（二一一頁で後述）。勝家にとっても後味の悪い寝返りとなっただろう。勝家は、罪滅ぼしのつもりだったのか、信勝の遺児の一人、津田信重《つだのぶしげ》（一般的には信澄《のぶずみ》とされている。以下、織田信澄と表記する）の烏帽子親《えぼしおや》（元服後の社会的後見人）となったといわれる。それでも本能寺の変直後、信澄が大坂本願寺《おおさかほんがんじ》で織田（神戸《かんべ》）信孝と丹羽長秀《にわながひで》（のち惟住《これずみ》を名乗るが丹羽と表記する）によって殺害された情報を得た時、勝家は「まず以《もっ》てしかるべく候《そうろう》」と伝えており、非常時とはいえ、信澄に対する哀惜は感じられない。

信勝のもとで勝家は数々の武功を挙げている。残存史料に左右されるのかもしれないが、勝家はやはり武辺者として出発したようである。信長の父信秀は尾張の旗頭的な地位にあっただけに、信秀の急死は尾張国内の勢力地図を塗り替えることになった。当時の尾張国は、大雑把《おおざっぱ》に見れば、岩倉城《いわくら》を拠点とした岩倉織田家、守護斯波氏を清須城に奉戴《ほうたい》し信秀の主筋にもあたる清須織田家、それに末盛城を本城に勢力を拡大させていた織田弾正忠《だんじょうのちゅう》家（信長の織田家が名乗った官職「弾正忠」に基づいて、便宜上このように呼んでいる）に三分されていた。

清須城攻めで活躍

織田信秀の死後、弾正忠家は信長派と信勝派に分かれ、また信長の叔父で「一段武篇者《ぶへんもの》」と評された守山《もりやま》城主の孫三郎（信光《のぶみつ》）も侮れない存在であった。さらに、犬山《いぬやま》城の織田十郎左衛門尉（信清《のぶきよ》）も敵性勢力である。信秀の生前から清須織田家や犬山織田家は敵対行動に出ることはあったが、信秀が病死した途端、本格的な敵対行動をとる。その年の八月十五日、清須織田家が攻勢に出た。清須方は、坂井大膳《さかいたいぜん》、同甚介、河尻《かわじり》与一、織田三位《さんみ》らが中心となって策謀を巡らし、織田伊賀守の松葉《まつば》城を急襲し、人質を徴して味方にした。さらに織田右衛門尉（信長の叔父）の深田《ふかだ》城からも人質を取り、弾正忠家に叛旗《はんき》を翻した。

　信長は早くも翌十六日には、叔父信光と協力して清須城攻めに出陣。清須方も出撃し、萱《かや》津《づ》で激突した。勝家は中条《ちゅうじょう》小一郎とともに、清須の小守護代《こしゅごだい》（守護代の代理人）ともいえる坂井甚介を二人で討ち取る武功を挙げた。同合戦では清須方は坂井彦左衛門、黒部《くろべ》源介ら歴々の武将五十人ほどが討死し、敗退した。信長・信光連合軍は、その勢いで松葉城、深田城を開城に追い込み、清須城の包囲戦が始まる。

　膠着《こうちゃく》状態が続くなか、清須方は暴挙に出る。清須城に守護斯波義統《よしむね》を奉戴していたが、義統が信長に通じていることを察知し、天文二十二年（一五五三）七月十二日、義統の嫡子義銀《よしかね》が精鋭を引き連れて川狩《かわがり》（川で魚を取ること）に出掛けた隙《すき》を衝《つ》き、義統を弑逆《しいぎゃく》した。これを知った義銀は、那古野《なごや》城の信長を頼った。主君斯波氏を殺害した反逆者を討つという大義名分を得た信長は、七月十八日、勝家を大将として清須城攻めを開始。出撃してきた清須勢と誓願寺《せいがんじ》前で戦い、勝家は首謀者の河尻左馬丞《さまのじょう》、織田三位をはじめ有力武将三十人ほ

織田氏略系図

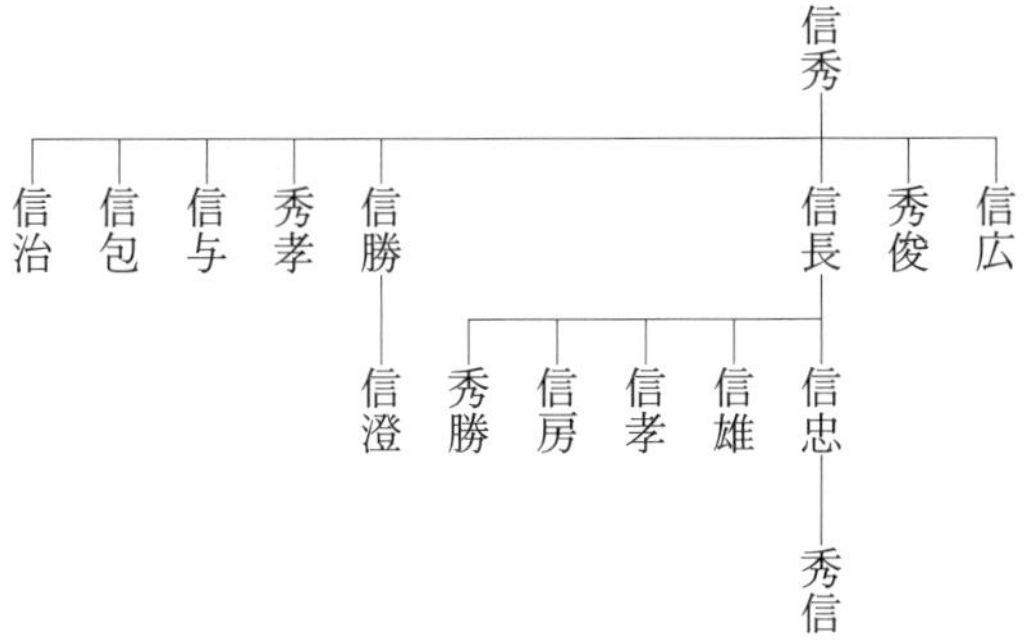

どを討ち取る武功を挙げた。劣勢となった清須の小守護代坂井大膳は、信長方の信光に対し、守護代織田彦五郎（信友《のぶとも》）とともに両守護代に就任させようという好餌《こうじ》をもって味方に誘ったものの、裏で信長に通じていた信光の策略に騙《だま》され、天文二十三年四月、大膳は逃亡し、信友は自害した。清須城を接収した信光は事前の約束通り、信長に清須城を引き渡した。信光の調略であり、清須城の乗っ取りでは勝家の活躍の場はなかった。信光はこの年十一月、不慮の死を遂げた。

　天文二十四年（一五五五。十月に改元して弘治《こうじ》元年）六月、守山城主となっていた織田孫十郎（信次《のぶつぐ》）の家臣が信長の舎弟喜六郎（秀孝《ひでたか》）を誤射するという事件が起きた。信長は秀孝に落度《おちど》があったと判断したものの、信次が出奔してしまったため、守山城の留守衆は籠城戦《ろうじょうせん》に入った。秀孝は信長・信勝兄弟の同母弟と思《おぼ》しく、激怒した信勝は、勝家と津々木蔵人を大将として守山城攻めを命じた。信長も一族の飯尾定宗・尚清《ひさきよ》父子に命じて守山城を攻囲させた。信長・信勝兄弟は別々に対応しており、信勝が信長の下知に従った気配は見えない。信長は調略によって守山城を奪取し、守山城には信長の兄弟である安房守《あわのかみ》（秀俊《ひでとし》）を据えることに成功する。

翌弘治二年（一五五六）四月、信長の岳父斎藤道三《さいとうどうさん》が長良川《ながらがわ》で嫡子の高政《たかまさ》（義龍《よしたつ》の名で知られる。のち一色《いっしき》を名乗るが斎藤と表記する）と戦い、敗死するという事件があった。これによって尾張国内は混迷の度を深める。後《うし》ろ楯《だて》を失った信長に対し、信長の一番家老林秀貞《ひでさだ》（通勝《みちかつ》の名が知られているが誤伝）とその弟の美作守は信勝重臣の勝家と結託し、信長の代わりに信勝を弾正忠家の家督とする密謀を企てた。その風聞は信長のもとにも届き、信長は事の真偽を確かめるために、直接、林秀貞兄弟のもとへ赴いた。美作守は飛んで火に入る夏の虫よろしく、信長を殺害しようとしたが、秀貞はさすがに「三代相恩の主君」を手に掛けることはできないとして、信長の命を助けて清須城に帰したあと、敵対の意思を表し、大々的な敵対行動に出た。

信長と対決

信長との直接対決の前に、勝家の主君となった信勝に触れておこう。信長の同母弟だが、生まれた年は分からない。活動時期や子供の存在などから、信長とはあまり歳の差はなかっただろう。幼名も不明。実名は信勝、達成《みちなり》、信成《のぶなり》と変えた。通称は勘十郎《かんじゅうろう》、その後武蔵守《むさしのかみ》を名乗る。また、父信秀や信長も名乗った弾正忠も称している。信長よりも先に弾正忠を名乗っており、複雑な家督相続の反映でもあった。

『信長公記』には信長と対比して描かれている。分かりやすくいうと、信長は破天荒な性格だが、信勝は優等生といった感じだろうか。信秀死後の信勝の動きは、信長から独立し、対抗、もしくは凌駕《りょうが》しようとしており、信長の最大の対抗勢力でもあった。信勝の発給文書を見ると、信長に対抗しているものもあり、双方で主導権争いをしていた気配が色濃い。

勝家らの策謀は弘治二年（一五五六）の長良川の戦いで道三が敗死したことで具体性を帯びたと思われる。『信長公記』には林秀貞兄弟の策謀としている。事の発端は信勝が信長の直轄領である篠木三郷《しのぎさんごう》を横領しようとしたことに始まる。

信長は、信勝が篠木三郷を横領するとすれば、小田井川《おたいがわ》付近に砦《とりで》を構築し、川東の知行地を力ずくで押さえに来ると予測し、それ以前に信長側から小田井川を越えたところの名塚《なづか》に砦を構築することで信勝勢を排除する作戦を立てた。弘治二年八月二十二日のこととし、名塚砦には佐久間盛重を配置した。翌二十三日は雨降りで小田井川が増水。信勝方は、川嵩《かわかさ》が増したことで清須城の信長は救援できないと踏み、さらに名塚砦も未完成と判断し、勝家と林美作守が出撃して名塚砦を攻撃。しかし二十四日、信長は増水した小田井川を越えて七百人ほどの軍勢で援軍に駆けつけ、両軍は稲生原で激突した。

勝家は一千ほどの軍勢を率いて西向きに進軍し、林美作守は那古野城から七百ほどを率いて北向きに進軍、信長軍を挟撃しようとした。正午頃、信長は両面作戦を避け、まず勝家軍と戦闘を交えた。勝家は信長軍の侍大将の一人山田治部左衛門（重国《しげくに》）を討ち取ったが、負傷したため退いた。それでも勝家軍は佐々《さっさ》孫介（成経《なりつね》）ら屈強の武士を討ち取るなど戦いを優勢に進め、信長の先勢は敗退して本陣に逃げ戻る体《てい》たらくとなった。

この敗勢を見て信長は「大音声《だいおんじょう》を上げ御怒りなされ候を見申し、さすがに御内《みうち》の者どもに候《そうろう》間《あいだ》、御威光に恐れ立ち止《とど》まり、終《つい》に逃げ崩れ候《そうらい》き」、すなわち、信長の怒声に気おされて敗退した。勝家が率いていた一千人の軍勢は、勝家の手勢ではなく、信勝の軍勢である。もとはといえば父信秀の家臣であり、弾正忠家の家臣である。勝家に率いられてきた軍勢も、勝家が退いた今、身内の信長（弾正忠家の家督者）に敵対する後ろめたさがあり、信長の激怒にひるんで敗走したのだろう。勝家に率いられた軍勢が敗退したのは、勝家が負傷して退いたあとであり、勝家は戦場で信長と相まみえて敗北したのではない。

次いで信長は林美作守の軍勢に突撃し、信長自身が美作守を討ち取る大勝となった。信勝や勝家は末盛城に、林秀貞は那古野城にそれぞれ籠城したが、信長は城下を焼き払い、威圧を加えた。末盛城には信長の実母報春院《ほうしゅんいん》も籠《こも》っており、武装して警固《けいご》し、籠城兵を励ましたともいう。しかし、実の兄弟が争っているのは見るに忍びなかったはずであり、信長の側近である村井貞勝《むらいさだかつ》と島田秀満《しまだひでみつ》を清須城から末盛城に呼び寄せ、信勝らに詫《わ》びを入れさせることで信長の赦免を得ることに成功した。信勝、勝家、津々木蔵人は墨衣《すみごろも》の姿で報春院に同道されて清須城に赴き、信長に赦免の御礼を述べた。これで元の鞘《さや》に収まるはずであった。しかし、信勝は再度の謀叛を企てる。

信勝は、弘治三年（一五五七）には今川義元《よしもと》と通じ、また信長と敵対している美濃の斎藤高政（義龍）とも音信し、今川・斎藤と結び、信長を斃そうと画策した。翌永禄元年（一五五八）三月、龍泉寺《りゅうせんじ》に城を築き、岩倉織田家とも直接手を結び、またもや篠木三郷の横領を企てた。信勝は、稲生原の敗戦の責を勝家に押し付け、有力家臣は信勝のお気に入りである津々木蔵人に付属させ、勝家を軽んじるようになっていた。

勝家は無念に感じ、信勝の謀叛の企てを信長に密告した。この報に接した信長は、仮病を使い、罹病《りびょう》の信憑性を高めるため一切外出しなかった。頃は良しと、報春院と勝家が信勝に対し、兄信長の見舞いに清須城に参上するよう勧めた。信勝は、遠ざけている勝家の進言だけなら無視したかもしれないが、実母まで見舞いを勧めるので信用して清須城に赴いたところ、信長の命を受けた家臣に殺害された。勝家はこの密告の忠節によって、後年、越前国支配を仰せ付けられた（『信長公記』）。信勝没後、末盛衆は信長の直臣として取り込まれたものと思われる。勝家も信長に直仕することになる。

なお、稲生原の戦いに先立つ弘治二年（一五五六）一月、勝家は荒川《あらかわ》新八郎（忠直《ただなお》）とともに、徳川《とくがわ》方の酒井《さかい》忠次《ただつぐ》が守備する三河の福谷《うきがい》城を攻撃したという。援軍が駆けつけたため城外で戦い、勝家は大久保《おおくぼ》五郎右衛門（忠勝《ただかつ》）を鑓で突き伏せたが、阿倍《あべ》忠政《ただまさ》に射られて落馬し敗退した。大久保忠佐《ただすけ》に鑓で突かれたとも、また忠佐が突いたのは勝家の馬ともいう。勝家と忠直は日頃から仲が悪く、功を争ったため敗退したとも記されている。一月ではなく、冬ともいう。勝家らの軍勢は一千余騎とも二千とも。徳川家臣の系図類や徳川系の軍記に見えるもので、合戦の様相も微妙に異なっている。勝家は命からがら敗退したともいうが、良質な史料では確認できない。

3　信長の直臣として

雌伏時代

信長に転仕したあと、しばらく柴田勝家の行動は良質な史料からは追えなくなる。『信長公記』に記されていなければ何も分からないというのが現状である。もっとも、信長の行動自体もあまり分かっていない。ちなみに、永禄二年（一五五九）の「柴田権六勝家」の感状（戦功に対する賞状）や永禄九年十月二十日付の連署状があるが、要検討文書である。

信長は、実弟信勝を粛清した翌年の永禄二年二月、初めて上洛したが、勝家が付き従ったという記録は見えない。もっとも、具体的な人名が判明するのは金森《かなもり》（長近《ながちか》）と蜂屋《はちや》（頼《より》隆《たか》）くらいなので、同行していた可能性はある。

のちに勝家の与力となった前田利家《まえだとしいえ》は、永禄二年六月（異説あり）、信長の同朋衆《どうぼうしゅう》（武将に近侍し、芸能に秀でた僧体の者）を殺害したことで、信長から追放処分にされた。事の起りは、利家の笄《こうがい》（髪かき）を同朋衆の十阿弥《じゅうあみ》が盗んだことに始まる。利家は信長の了解を得て成敗しようとしたが、十阿弥と親しい佐々成政《なりまさ》らが助命嘆願し、信長もお気に入りの同朋だったため、今回は十阿弥を許すように説得した。利家は上意を受け入れて堪忍したが、十阿弥と親しい者たちが利家の陰口を叩《たた》いたため、立腹した利家は、信長が見ている前で十阿弥を殺害した。

激怒した信長は利家の成敗を命じたが、勝家や森可成らが執り成したことで一命は助けられたものの、追放処分となった。この時の信長の怒りは凄《すさ》まじく、翌年の桶狭間《おけはざま》の戦いで利家が負傷しながらも武功を挙げたものの許さず、その後の美濃攻めでの武功でようやく勘気が解けたほどだった。

この時以来、利家は成政と不仲だったという。利家が牢人《ろうにん》した時、日頃親しかった者でも音沙汰《おとさた》がなくなったが、勝家や可成、そのほか小姓《こしょう》二、三人しか助力してくれなかったと振り返っている。利家は勝家に対し、この時の恩義を感じていたようである。利家の逸話を集めた『利家公御代之覚書《としいえこうおんだいのおぼえがき》』などによるものだが、桶狭間の戦い前後の様子が垣間見《かいまみ》えようか。利家は前田家の四男だったが、信長の命で嫡男の兄を差し置いて家督を相続した。兄との間で揉《も》め事になったが、勝家や佐久間信盛らが説得して収まったという。

『信長公記』には、永禄十一年（一五六八）九月の上洛戦まで勝家の記述はないが、『甫庵《ほあん》信長記《しんちょうき》』『新撰信長記』『新撰信長記脱漏』『増補信長記』『総見記《そうけんき》』（『織田軍記』）などには登場する。たとえば、岩倉織田家との浮野《うきの》の戦いについて、『新撰信長記』などには、勝家が横撃したことで敵勢を追い崩したと活躍を記している。

信勝から転仕したことで冷遇されていたという見方もあるが、単に史料不足によるものであろう。

桶狭間の戦いから美濃併呑まで

永禄三年（一五六〇）五月十九日の桶狭間の戦いは、『信長公記』に詳しい。唯一の良質な史料ともいえよう。ただし、勝家の活躍は記されていない。戦いの詳細は省くが、周知のように今川義元の大軍を信長が桶狭間で破った戦いである。これによって信長の将来が大きく開けていくことになる。

信長は善照寺砦《ぜんしょうじ》に入ったあと、中島砦《なかじま》に移ろうとしたところ、今川軍から信長軍が無勢であることが丸見えになるため、「家老の衆、御馬の轡《くつわ》の引手に取り付き候て」信長を引き留めようとしたが、信長は振り切って中島砦に移った。これは陽明文庫《ようめいぶんこ》蔵の『信長公記』の記述だが、天理本《てんり》には「御家臣の林、平手、池田、長谷川、花井《はない》、蜂屋御轡の引手に取り付き候て」とあり、家老の具体名を記している。林は一番家老の佐渡守《さどのかみ》秀貞、平手は傅役《もりやく》だった政秀《まさひで》の後継、池田は乳兄弟《ちきょうだい》の恒興《つねおき》、長谷川は信勝の家老だった宗兵衛、花井は三河守（政勝《まさかつ》）、蜂屋は頼隆であろう。しかし、『甫庵信長記』の同様の場面では、「林佐渡守、池田勝三郎、毛利《もうり》新介、柴田権六」となっている。林と池田は同じだが、平手、花井、蜂屋が消えて、代わりに毛利新介（良勝《よしかつ》）と勝家が入っている。真偽のほどは不明だが、勝家が桶狭間の戦いに参陣していたのは当然であろう。

信長は桶狭間で今川義元を討ち取り、その後、三河国で今川の軛《くびき》から逃れて独立を果たそうとしていた松平元康《まつだいらもとやす》（徳川家康《いえやす》）と結び（清須同盟）、東方からの脅威が減じたことで、懸案の美濃攻めに専念することになる。しかし、信長の美濃攻めは長期化した。

信長の矛先は美濃の斎藤義龍に向けられた。信長と義龍は、信長の正室濃姫《のうひめ》を介して義理の兄弟にあたる。弘治二年（一五五六）、義龍は実父の道三を長良川の戦いで討ち取った。信長は岳父道三の援軍に駆けつけたが、間に合わず、道三は敗死。それ以来、美濃国とは敵対関係となったが、信長には復仇《ふっきゅう》戦《せん》を遂げる余裕はなかった。

桶狭間の戦いの直後から美濃攻めを開始したという史料も存在する。美濃攻めについては軍記物などに記されているが、信頼できるものは少ない。『信長公記』を中心に信長の美濃攻めを確認していく。もっとも、『信長公記』には美濃攻めでの勝家の姿は描かれていないので、他の軍記物も併用する。

永禄三年（一五六〇）六月、美濃勢の実力を試すべく、千五百騎という小人数で初めて美濃へ侵攻した。小競り合い程度で引き揚げ、殿軍《しんがり》（退却する部隊の最後尾）は勝家が受け持ったが、美濃勢からの追撃はなかった（『織田軍記』）。さらに同年八月、千騎ほどで西美濃へ侵攻。勝家も従軍したが、先勢が崩れ、勝家は森可成とともに討死を覚悟して敵勢を追い返し、無事引き揚げに成功して信長から褒賞されたという。

永禄四年五月十三日の美濃出陣は良質な史料から確認できる。宿敵義龍が五月十一日、急死。妻子も同時期に死去しており、病死である。二日後の出陣という素早さは、おそらく罹病している情報を入手し、死去後すぐさま美濃へ侵攻するように準備していたからだろう。西美濃へ進撃し、敵の大将長井《ながい》甲斐守《かいのかみ》、日比野《ひびの》下野守《しもつけのかみ》ら百七十余人を討ち取る大勝だった（『信長公記』）。『甫庵信長記』『織田軍記』などには、勝家、可成らが先陣で活躍した様子が描かれている。

飛驒
越前
信濃
美濃
稲葉山
(岐阜)
堂洞
猿啄
鵜沼
岩村
大垣
犬山
墨俣
明智
岩倉
小牧山
守山
那古屋
清須
末盛
松葉
福谷
小木江
長島
桑名
矢田
桶狭間
三河
長篠
尾張
安城
遠江
伊勢
三方ヶ原
阿坂
大河内
志摩

永禄五年五月上旬にも西美濃へ侵攻し、墨俣《すのまた》の要害を補強して本陣を据えた。九条《くじょう》の砦には織田勘解由左衛門尉（広良《ひろよし》。信長の従兄弟ともいう）が籠城していたが、大雨で墨俣川が氾濫《はんらん》し、信長との間を断ち切られる状況に陥った。これを好機として、義龍の後継の斎藤龍《たつ》興《おき》は九条砦攻略に向けて出陣。九条砦からの急報で危機を知った信長は後詰《ごづめ》（援軍）として出馬した。先陣は池田恒興、二陣は佐久間信盛で、勝家は三陣として出陣した。敵の大将の一人稲葉《いなば》又右衛門は、池田恒興と佐々成政が二人で討ち取った。『甫庵信長記』には、又右衛門の頸《くび》を取る時、恒興は成政に頸を討てと勧めたが、成政も恒興に取れといって譲り合っていたため、見かねた勝家が、大将の頸を取らないと味方の士気にも関わるとして自ら討ち取り、それをそのまま信長に報告した。信長は、あの二人ならそれくらいの頸に執着はしないと褒めつつ、勝家の機転も称えて引出物を与えたという。また、美濃攻めの進軍路を変更した新加納《しんかのう》の戦いでは、勝家は森可成とともに活躍する姿が描かれている（『織田軍記』）。

このあとも美濃攻めは続き、信長は鵜沼《うぬま》城、猿啄《さるばみ》城、堂洞《どうほら》城などを攻略した。足掛け八年にわたった美濃攻めも、永禄十年（一五六七）八月、稲葉山《いなばやま》城の攻略で決着をつけ、美濃を併呑《へいどん》した。『信長公記』には勝家の活躍そのものは描かれていないが、翌年の上洛戦では織田軍の大将の一人として登場することを勘案すれば、美濃攻めで勝家が武功を挙げたことは十分に想像されよう。

信長は美濃攻めと並行するかたちで犬山城攻めにも着手している。犬山城主は信長の姉婿の織田信清である。岩倉城攻めの時には信長に協力していたが、その後、敵対。永禄六年（一五六三）一月頃から築城を開始した小牧山《こまきやま》城は美濃攻略のためというよりは、犬山城攻略のためのものと見られている。信清は、黒田《くろだ》城の和田《わだ》新介、小口《おぐち》城の中島豊後守《なかじまぶんごのかみ》の両家老を従えていたが、両家老が信長に内通したことで信清は追い詰められ、犬山城は永禄八年二月に落城した。この年（年次は推定）七月十五日付で、勝家は丹羽長秀、吏僚の佐々主知《ぬしとも》と連署して寂光院《じゃくこういん》（愛知県犬山市）に寺領を安堵《あんど》している（『寂光院文書』）。犬山城攻略後の支配の一端である。写《うつし》文書ではあるが、一次史料としては勝家の初見史料となり、署名は「柴田修理進勝家」である。初めは「修理進」で、のちに格上の「修理亮」に改めたのだろう。

第二章　近江時代

1　上洛戦

勝龍寺城攻め

永禄十一年（一五六八）九月の上洛戦は、織田信長にとって歴史の表舞台への本格的デビューとなった。もちろん、永禄三年に今川義元を討ち取ったことで日本国内に勇名を馳《は》せたと思われるが、やはり京都への進出で全国的な知名度は一気に高まった。信長の家臣についても程度の差こそあれ、同様のことがいえよう。

上洛戦については多少の説明が必要になる。かいつまんで背景を確認しておく。永禄八年（一五六五）五月、将軍足利義輝《あしかがよしてる》が、三好《みよし》勢によって御所を急襲されるという弑逆《しいぎゃく》事件が起こった（永禄の変）。義輝の二人の弟のうち、次弟の鹿苑院周暠《ろくおんいんしゅうこう》は殺害され、興福寺《こうふくじ》一乗《いちじょう》院《いん》の門跡《もんぜき》（住職）となっていた長弟の覚慶《かくけい》（還俗《げんぞく》して足利義秋《よしあき》、のち義昭《よしあき》。以下、義昭と表記する）は、松永久秀《まつながひさひで》に一命を助けられたが、軟禁状態に置かれた。義昭は監視下から脱出し、全国の諸大名に対し、兄義輝の復仇、および自らの次期将軍就任への協力を要請した。信長は協力を承諾し、翌年には義昭を擁して上洛する計画を立てたが、四囲の状況が許さず、いわゆる第一次上洛計画は頓挫《とんざ》した。このため、義昭は近江を経て越前の朝倉義景《あさくらよしかげ》を頼ったが、義景は恃《たの》むに足りずと見切りをつけ、その後、尾張に加えて美濃や北伊勢も制圧していた信長に再度頼ることになり、永禄十一年七月には越前から北近江を経由して岐阜《ぎふ》に移座した。信憑性は低いが、近江浅井氏の軍記『浅井三代記』によると、柴田勝家は、菅屋長頼《すがやながより》、内藤庄助（勝介）の三人で近江境まで義昭一行を迎えに出向いたという。

義昭を岐阜に迎えた信長は、上洛進路にあたる南近江の六角《ろっかく》氏にも協力を要請したが、六角氏は三好勢に加担して協力を拒否したため、義昭を擁して軍事的に制圧しながら上洛する方針に切り替えた。永禄十一年（一五六八）九月七日には、本国の尾張に加え、前年に制圧した美濃、および北伊勢、さらには同盟関係の徳川家康からの援軍も加えた四万とも六万ともいわれる大軍を編成し、岐阜を出発した。この時、軍事的中核を担ったのは、本国の尾張衆であり、信長は先陣に据えた。『信長公記』を見ると、この上洛軍では八人の指揮官が確認できる。

北庄
一乗谷
越前
府中
金ヶ崎
木芽峠
敦賀
手筒山
美濃
疋田
賤ヶ岳
小谷
姉川
山本山
長浜
横山
丹後
高浜
若狭
佐和山
田中
木戸
山崎
丹波
観音寺
堅田
安土
箕作山
永原
坂本
鯰江
守山
長光寺
二条
京
宇佐山
瀬田
大津
近江
勝龍寺
摂津
淀
槙島
芥川
高槻
山崎
池田
山城
交野
滝山
越水
野田
森口
伊賀
若江
多聞山
大坂
奈良
伊勢
天王寺
信貴山
堺
高屋
河内
大和
和泉

信長は、六角氏が上洛軍に備えて強化した小城群は無視し、六角氏の本城である観音寺城《かんのんじ》にほど近い箕作山城《みつくりやま》を九月十二日、猛攻した。八人の大将のうち佐久間信盛、木下秀吉《きのしたひでよし》、丹羽長秀、浅井信広《あさいのぶひろ》の四人が中心となって、たった一日で攻略した。観音寺城の六角承禎《ろっかくじょうてい》(義賢《よしかた》)・義治《よしはる》(初名は義弼《よしすけ》。以下、義治と表記する)父子は恐れをなし、信長軍の総攻撃の前に甲賀《こうか》郡へ逃走した。『佐久間軍記』には箕作山城攻めの時、観音寺城の押さえは勝家が担当していたとある。

残り四人の指揮官は、三好勢力の象徴でもある勝龍寺《しょうりゅうじ》城攻めを担当した。勝家、蜂屋頼隆、森可成、坂井政尚《さかいまさひさ》の四人である。勝龍寺城には三好三人衆の一人石成友通《いわなりともみち》が籠城していたが、九月二十六日から攻囲を開始。友通は足軽を出して抵抗したが、四将は騎馬で対応し、二十八日には屈強の者五十余を討ち取った。その頸《くび》を東福寺《とうふくじ》に在陣している信長に届けて上覧に供した。翌二十九日には信長の本軍も勝龍寺攻略に動き出し、至近距離の寺戸《てらど》の寂照院《じゃくしょういん》(京都府長岡京市)まで侵攻して威嚇したことで友通は抵抗を諦《あきら》め、城を明け渡して退去した。『足利季世記《あしかがきせいき》』には、「柴田修理亮と石成主税助《ちからのすけ》(友通)終日合戦し、石成打ち負け五十余人打ち取られ、敵《かな》うまじとや思いけん、降参を請い」、一命を助けられた。勝家が勝龍寺城攻めの総大将だった。

信長は九月末には管領家《かんれいけ》の細川信良《ほそかわのぶよし》や三好長逸《ながやす》(三好三人衆の一人)らが籠城する芥川《あくたがわ》城

攻めに向かうが、退散したため義昭を供奉《ぐぶ》して入城した。越水城《こしみず》や滝山城《たきやま》も相次いで自落し、池田《いけだ》城攻めでは激戦が繰り広げられたが、城下に放火されたことで池田勝正《かつまさ》は人質を出して降伏した。

勝龍寺城の攻略後、勝家は信長と別行動をとり、畿内《きない》（山城・大和・河内《かわち》・和泉《いずみ》・摂津《せっつ》）の平定戦を続けた。主に河内国で活動していたようである。『大雅塚由来略記《だいがつかゆらいりゃっき》』には、織田軍が河内国へ乱入し、三好勢を追討したと伝えている。具体的な動きでは、十月一日付で河内国富田林院内《とんだばやしいんない》（興正寺《こうしょうじ》別院）に対し、坂井政尚、森可成、蜂屋頼隆、佐久間信盛とともに、これ以前に出されていた禁制《きんぜい》（軍勢の勝手な行動を禁じる命令）を保障（『興正寺由緒書抜』）。

また、十月十二日付で、政尚、可成、頼隆と四人で禁制を下している。宛所が写されていないが、連署している武将が信盛以外は重なっており、対象は河内国周辺だろう。これを裏付けるように、信盛は十月十日には、細川藤孝《ふじたか》（のち長岡《ながおか》を名乗るが細川と表記する）、和田惟《わだこれ》政《まさ》とともに大和国へ転進している（『多聞院日記《たもんいん》』）。彼らとは別行動になり、勝家らが軍勢を進めていたと思われる。

河内国は勝家らが平定したものの、北半国《はんごく》は三好宗家の三好義継《よしつぐ》、南半国は守護家の畠《はたけ》山高政《やまたかまさ》に安堵された。義昭は十月十八日に待望の将軍職に就き、同二十二日に参内《さんだい》、翌二十三日には祝勝会を兼ねて細川邸で能楽を挙行し、信長も出席した。二十六日、信長は帰国し、翌年二月には上洛を予定していたが、突発的な事件が起こり、予定は大きく変更されることになる。

奈良の僧侶の記録『多聞院日記』によると、佐久間信盛、村井貞勝、丹羽長秀、明院良政《みょういんりょうせい》(吏僚)、木下秀吉の軍勢五千ほどが京都に残っていたという。京都に残留した部隊に勝家の名前はないが、幕府や信長からの指示を受けて、永禄十一年(一五六八)十一月五日付で森可成、坂井政尚、蜂屋頼隆と連署し、天龍寺《てんりゅうじ》の瑞祐《ずいゆう》首座の知行の件で連署状(『天龍寺文書』)を認《したた》めており、しばらくは在京していたものと思われる。

上洛後の活躍

翌永禄十二年(一五六九)は、波乱の幕開けとなった。前年、信長の上洛軍によって敗退した三好勢がこの年の一月、将軍義昭の御所となっていた六条本国寺《ろくじょうほんこくじ》(本圀寺)を急襲した。兄義輝の二の舞になる可能性もあったが、本国寺の守備軍や四方から援軍が駆けつけたことで三好勢の撃退に成功。信長が急いで上洛したのは、三好勢が敗退したあとだった。当然ながら勝家も上洛した。

このあと、信長は将軍御所の建造に取りかかる。二条《にじょう》御所(信長の京都邸「二条御新造《ごしんぞう》」やのちに徳川家康が造営した二条城とは別)である。突貫工事で完成させ、四月には帰国したが、じつに三か月半も在京していたことになる。『太閤記《たいこうき》』には、信長の帰国にあたり、将軍義昭が信長に対し、家臣のうちで武略に優れた重臣を一人、京都に残してほしいと要望したところ、周囲の者は佐久間信盛か柴田勝家、もしくは丹羽長秀だろうと予想したが、案に相違し、木下秀吉を残し置いたという逸話を載せている。信の限りではないが、勝家が重臣の一人として武勇に優れていたという認識があったということだろう。

信長が在京していた間、勝家が二条御所建造に携わっていたという記録は確認できない。むしろ、主に摂津や河内方面で活躍していたようである。二月一日（年次は推定）には天野《あまの》山《さん》沙《さ》汰《た》所《しょ》（河内金剛寺《こんごうじ》）に対し、佐久間信盛、坂井政尚、森可成、蜂屋頼隆、野間長前《のまながさき》（三好義継の家臣）らと連署状を発給し、三好勢に協力したことを咎《とが》め、兵糧米千石《ごく》の供出を命じている（『南行雑録《なんこうざつろく》』）。同月十六日には摂津の本興寺《ほんこうじ》に対し、前記連署状とほぼ同じ顔ぶれで連署状を発給し、門前も含めて軍勢の陣取《じんどり》などを禁じている。本興寺には前年の上洛時に信長が軍勢の乱妨狼藉《らんぼうろうぜき》などを禁じた禁制を下していたが、年明け早々の事件を受けて本興寺と関係の深い公家《くげ》の飛鳥井雅敦《あすかいまさあつ》は、一月二十四日付で勝家、頼隆、可成、政尚の四人に対して同寺の保護を依頼し、信長の了解も得ている旨を伝えて念押ししている。前記連署状はその依頼に基づくものである。四人の宛所では勝家が筆頭である。三月二日には摂津の多田院《ただのいん》に対し、金剛寺宛と同じ顔ぶれで連署状を出し、特例として矢銭《やせん》（軍用金）を免じている。

信長は上洛した時、摂津・和泉両国や、法隆寺《ほうりゅうじ》、大坂本願寺などの寺院、さらに奈良《なら》や堺《さかい》などに対し矢銭などの納入を命じたが、堺は矢銭の供出を拒否していた。その堺を拠点に三好勢が上洛して将軍邸を急襲したことを咎め、二月十一日には、勝家、佐久間信盛、和田惟政、坂井政尚、森可成、蜂屋頼隆、野間長前ら、信長の家臣と幕臣が上使《じょうし》として堺に下向した。その日は終日、従者も含め百人ほどが津田宗及《つだそうぎゅう》（堺の豪商で茶人）の接待を受けたが、矢銭の供出には至らなかったようである。『フロイス日本史』（以下、『日本史』）によると、彼らの下向は堺の混乱を鎮めるためであり、勝家らは十日以上、堺に滞在した。

その後、四月十一日、勝家、政尚、可成、頼隆、信盛の五人（信長直臣のみ）は堺に連署状を発給し、改めて矢銭の供出を命じた。一両日中には堺に下向すると伝え、追伸で四月十五日までに用意しなければ成敗すると最後通牒《つうちょう》を発し、「以外御腹立《もってのほかごふくりゅう》」と脅している。三好勢が敗退したことで堺衆は追い詰められ、信長に屈服することになる。堺からはすぐに帰洛したようで、四月二十一日には、禁裏《きんり》（天皇の御所）修理について、信長の使者として僧の朝山日乗《あさやまにちじょう》とともに烏丸光康《からすまるみつやす》邸に赴いている（『兼右卿記《かねみぎきょうき》』）。

信長は、三好勢が敗退したあと、二条御所の建造に従事しつつ、三好方に加担した者など敵性勢力を洗い出して処分しているが、前記連署状から推測すると、勝家らはその任務に当たっていたと思われる。また、五月七日、信長は勝家と政尚に対し、愛宕権現《あたごごんげん》（愛宕神社）

の領所を渡辺《わたなべ》太郎左衛門尉という者が違乱した報告を受け、それに対処するよう指示している。丹羽長秀からも直接、渡辺太郎左衛門尉に対し、違乱を続けるようであれば曲事《くせごと》（けしからんこと）であると警告している（『愛宕山尾崎坊《あたごやまおざきぼう》文書』）。こうした動きを受け、五月十二日には、太郎左衛門尉の関係者が勝家と政尚に対して弁明（『大山崎町歴史資料館所蔵文書』）しており、その後の史料を見ると、係争は長引いたものの、解決したようである。上洛後の勝家は、軍事指揮官としてはもちろん、奉行的な仕事もこなしている姿が見えてくる。

宣教師との出会い

信長が岐阜へ帰国して危機に陥ったのが、ルイス・フロイスらの宣教師である。永禄八年（一五六五）五月、将軍足利義輝が三好勢に弑逆されたことで、京都での布教が困難になっていたが、信長の上洛によって状況が好転した。永禄十二年三月十三日、フロイスは二条御所の工事現場で信長に謁見し、知遇を得ることに成功した。四月八日には朱印《しゅいん》状《じょう》（朱印が捺《お》された公的文書）も交付された。しかし、信長が四月十一日に岐阜へ帰国したあと、朝山日乗の画策によって正親町《おおぎまち》天皇が宣教師追放の綸旨《りんじ》（天皇の命令書）を下した。このため再度、信長の保護を得るため、フロイス一行は五月十八日、岐阜へ向けて京都を出発した。この小旅行についてはフロイスの一五六九年七月十二日（永禄十二年閏《うるう》五月二十八日）付書簡や、のちにまとめた『日本史』に詳しく記されており、勝家も登場する。書簡（三種類）と『日本史』では若干、内容が異なる部分があるが、適宜、勝家に関する記述を見ていこう。

フロイスの行動をざっと確認する。ただし、日程（邦暦に変換）はフロイスの記録からの推測になる（先行研究でも日程にずれがある）。五月十八日、京都を発《た》ち、途中、近江坂本《さかもと》で五日間滞在したあと、二十四日頃岐阜に到着し、二十七日頃信長と対面、閏五月四日頃に帰京した。坂本に滞在していたフロイスは、勝家が美濃へ向かっていることに触れ、勝家については、信長の最高の四武将の一人であり、信長の寵愛《ちょうあい》が深く、和田惟政の親友であると説明を加え、惟政は勝家に対しフロイスを庇護《ひご》するように依頼していたという。この時、勝家も京都から岐阜へ下向していたが、フロイス一行よりも二、三日遅れて岐阜に到着した。勝家は、五月二十一日にはすでに京都を出発していたが、岐阜到着がフロイスらよりも遅れたのは、南近江で六角氏の残党に対処していたためかもしれない。

フロイスらは、勝家が岐阜に下着した翌日（五月二十七日頃）、勝家の屋敷を訪問した。勝家の岐阜での屋敷は、岐阜城の搦手《からめて》（裏門）方面の荒神洞《こうじんぼら》（達目《だちぼく》近辺）にあったようである（『太田和泉守記』『内府公軍記《ないふこうぐんき》』）。勝家はフロイス一行を歓待し、食事前と知った勝家は有り余るほどの食事でもてなし、佐久間信盛と協力し、信長の機嫌がよければ謁見できるように取り計らう旨を伝えた。午後、勝家は信盛とともに信長を訪問し、フロイスらが岐阜に来ていることを告げたところ、信長は喜び、内裏《だいり》（天皇）が綸旨で伴天連《バテレン》追放を命じたことを遺憾《いかん》に思うなどと語ったという。その後、信長は新しい御殿の検分に出掛けようとしていたが、その途上、フロイスと対面し、勝家と信盛が紹介の労をとり、長時間立ち話をした。

フロイスは、信長が内裏や将軍に対してキリシタンを保護するように要望する旨の書状を認《したた》めてくれたことに対し、お礼と別れの挨拶《あいさつ》をするため、再度勝家の屋敷に赴き、信長への謁見の執り成しを頼んだ。勝家はフロイスらを手厚く饗応《きょうおう》したあと、フロイスを信長のもとに案内し、謁見が実現した（五月三十日頃）。この時、信長は大勢の貴人がいるところでフロイスに向かい、「内裏も公方《くぼう》様も気にするには及ばぬ。すべては予の権力の下にあり、予が述べることのみを行ない、汝《なんじ》は欲するところにいるがよい」と言い放った。

フロイスは翌日には帰洛する予定だったが、信長はそれを延期させ、翌朝、中川重政《なかがわしげまさ》にフロイスらを饗応させたあと、勝家にはフロイスらを伴って金華山《きんかざん》上の岐阜城天守に連れてくるよう命じた。勝家はフロイスからの土産《みやげ》（シャツ一枚、綿のズボン下、赤い上履きの贈物）を信長に届けたところ、信長は早速、赤い上履きとズボン下を身につけ、「この衣服は夏に良いように思われる」と感想を述べたという。謁見では信長自身がフロイスの食膳《しょくぜん》を運ぶという破格の待遇だった。謁見後、信長は勝家を呼び寄せ、フロイスに城の全部を見せるように命じた。勝家は和田惟政からの依頼もあったが、フロイス一行に対し丁重にもてなし、信長への謁見の段取りも設定するなど好待遇をもって報いた。フロイスの心証も良かっただろう。

なお、『日本史』によると、フロイスは、岐阜下向前の堺において勝家と面識があったようである。堺での和田惟政の滞在先に来訪していた勝家と出会っている。キリシタンを保護する惟政はこの時、来訪していた日本人修道士のロレンソに対し、勝家に説教するよう勧めた。勝家にキリシタンの教えを理解してもらうことで、信長への斡旋《あっせん》の労をとっている惟政を援助してもらう狙《ねら》いだった。信長に対する勝家の影響力が窺《うかが》えよう。

北畠攻め

信長は、伊勢国司北畠氏の内紛を好機として、永禄十二年（一五六九）八月、北畠氏の大《お》河内《かわち》城攻めに出馬する。当然ながら勝家も従軍したが、その前にひと仕事こなしている。

出馬直前の八月十一日、丹羽長秀と中川重政が京都の本国寺に対し、知行の進納分について承認し、その分量については勝家と相談すると伝え、勝家が実務を担当していたことが判明する（『本圀寺文書』）。また、同日付で、伴《ばん》五郎兵衛・富永《とみなが》右衛門尉・服部若狭守《はっとりわかさのかみ》（近江甲賀郡の国人《こくじん》と思われる）に対し、三雲《みくも》氏（前年、上洛する信長軍に敗退した六角氏の家臣）の知行のうち、信長が和田惟政に与えた分について、本国寺の事例と同様に、長秀・重政と連携し、勝家が差配している（『武家聞伝記』）。

さらに、毛利《もうり》家中に宛てた朝山日乗の八月十九日付書状案（『益田家什書《ますだけじゅうしょ》』）によると、近日中に勝家をはじめ津田一安《かずやす》（織田一族）、中川重政、丹羽長秀の四将の軍勢一万五千が播磨《はりま》へ着陣し、作戦を実行するという情報を認《したた》めている。同書状案では、信長の北畠攻めにも触れ、三河、遠江《とおとうみ》、尾張、美濃、近江、北伊勢の軍勢約十万が進軍し、十日ほどで平定する見込みなどと記しているが、この予想はまったく外れ、北畠攻めは長期化することになる。播磨への進軍予定は陽動作戦の一つだったのかもしれない。ちなみに、書状案の「案」とは下書きや控えなどのことである。

北畠攻めに戻ると、信長は総動員に近い大軍を動員して南伊勢へ侵攻した。阿坂《あざか》城攻略後は、北畠方の小城群は無視し、北畠具教《きたばたけとものり》・具房《ともふさ》父子が籠城する大河内城攻めに戦力を集中。信長は大河内城の東側の山に陣取り、城下町に放火、二十八日には敵情視察し、軍勢を四つに分けて攻囲した。

南方面には、織田信包《おだのぶかね》（信長の弟）、滝川一益、津田一安、丹羽長秀、池田恒興、稲葉良通《いなばよしみち》（一鉄《いってつ》。美濃三人衆の一人）をはじめとした尾張・美濃衆に加え、蒲生賢秀《がもうかたひで》らの六角旧臣や瀬田《せた》の山岡《やまおか》一族らの近江衆を配置。西方面にも、佐久間信盛、木下秀吉、安藤守就《あんどうもりなり》（美濃三人衆の一人）など尾張・美濃衆に加え、浅井長政配下の阿閉貞征《あつじさだゆき》・貞大《さだひろ》父子らの近江衆を配置した。北方面も同様に、坂井政尚、蜂屋頼隆、斎藤利治《さいとうとしはる》（斎藤道三の子という）らの尾張・美濃衆に加え、浅井長政の配下の磯野員昌《いそのかずまさ》らを付属させた。

東方面は、勝家をはじめ森可成、佐々成政、不破光治《ふわみつはる》・直光《なおみつ》父子らを配置し、尾張・美濃衆で固めており、勝家が大将だったと思われる。

大河内城の四方を大軍で二重、三重に包囲し、城内への通路の遮断《しゃだん》を続けるなか、翌十月には、信長の次男茶筅《ちゃせん》（信雄）に家督を譲るという条件で北畠父子は大河内城を出て、笠木《かさぎ》、坂内《さかない》へ移った。ひと月以上の籠城戦となり、信長側が劣勢だったとする見方もあるが、信長の次男への家督相続を了承し、北畠父子が大河内城を退去したことを踏まえると、『信長公記』が記すような降伏と理解していいだろう。残念ながら、勝家の活躍は確認できないが、長期の攻囲戦であってみれば、東方面の守備を手堅くこなしていたのだろう。

大河内城の攻囲戦のなか、勝家は九月十七日付で幕臣の細川藤孝と一色藤長《いっしきふじなが》から、土佐《とさ》将監《しょうげん》（光元《みつもと》）が討死し、その跡職《あとしき》（遺産）について助力を依頼され、十月四日付で返書。在陣中だったため、上洛後、面談しようと伝えている。光元の跡職については堺の茶人今井宗久《いまいそうきゅう》からも依頼されており、それに対しても返書している。十一月二十一日には、跡職のことについて土佐刑部大輔《ぎょうぶのだいぶ》（光茂《みつもち》。土佐将監の父）に返書し、同日付で宗久や藤長にも返答している。

信長は大河内城を攻略後、十月六日には伊勢神宮、朝熊山《あさまやま》に参詣《さんけい》し、同十一日に上洛した。義昭に戦勝報告したが、意見衝突したため同十七日には急遽《きゅうきょ》下向した。勝家も上洛しており、十月十六日には山城国の法金剛院《ほうこんごういん》に対し、違乱された寺領の確保などを保証しているが、信長が「俄《にわ》かに下国」したため、京都での執務も思うに任せないまま、下向せざるを得なくなった。

2　元亀の争乱

朝倉攻め

前述のように信長は将軍足利義昭と衝突して永禄十二年（一五六九）十月十七日、急遽、岐阜に下向した。信長は、義昭の後ろ楯であり、京都の治安を守る大立者《おおだてもの》であってみれば、朝廷も気が気ではなく、勅使を派遣して近江坂本で引き留めようとしたが、信長は慰留を振り切って岐阜へ下向してしまった。

そうはいっても、信長と義昭の双方の間で解決策が相談され、永禄十三年（一五七〇。四月に改元して元亀元年）一月二十三日付の五か条の条書《じょうしょ》として明文化された。その評価をめぐっては活発な議論が交わされているが、要は、信長が政権を委任され、義昭の了解を得ずに敵対者を成敗できる立場を手に入れたことである。また、双方の役割分担を明確化した側面もある。

条書と同日、朝廷への奉仕、将軍義昭への奉公を名目に、信長は畿内近国の大小名に対して二月中旬に上洛するよう要請した。越前朝倉氏については良質な史料では確認できないが、朝倉方の軍記には要請したという記事がある。上洛要請に応じるか、応じないかは義昭・信長政権に対する踏み絵でもあった。案の定、朝倉氏は、上洛要請は義昭を隠れ蓑《みの》とした信長の策略と判断し、要請には応じなかった。

信長は四月二十日、越前攻めに出馬する。徳川家康、三好義継、松永久秀、池田勝正らも従軍した。もちろん勝家以下の直臣衆や幕臣も出陣した。朝廷が戦勝祈願するなど信長軍は将軍の代行として遠征。坂本を経由し、その日は和邇《わに》（鰐）に陣取り、湖西を北上し、四月二十五日には朝倉方の手筒山《てづつやま》城を猛攻して攻略した。翌日には朝倉中務大輔《なかづかさのだいぶ》（景恒《かげつね》）が籠城する金ヶ崎《かねがさき》城の攻撃を予定していたが、信長軍の攻撃の激しさを見て降伏。さらに疋田《ひきた》城も開城した。

『信長公記』には勝家の活躍は記されていないが、朝倉の軍記『朝倉家記』には、朝倉家中で義景の上洛の是非をめぐって談合した時、信長の家臣には丹羽長秀、柴田勝家、坂井政尚をはじめとした謀臣勇将が数え切れないほどおり、敵対すれば勝ち目はないという意見が出たとし、勝家は信長家臣を代表する武将として認識されている。また、『朝倉記』には、手筒山城攻めの武将として柴田（勝家）の名が交名《きょうみょう》（人名リスト）に見えている。勝家、長秀、坂井政尚、安藤守就、森可成らの三千余騎で攻め込んだとしており、『甫《ほ》庵《あん》信長記』にも、手筒山城攻めで、勝家、木下秀吉、池田恒興らの活躍が描かれている。軍記物だが、手筒山城攻略戦で勝家が活躍したことは信じてもいいだろう。

破竹の勢いで進軍し、越前の国中《くんなか》へ乱入しようとしたその矢先、織田家とは姻戚《いんせき》の浅井氏が裏切り、攻守所を変えることになった。信長は、浅井長政には妹お市を嫁がせ、しかも北近江を安堵しているのに、「不足（不満）などあるはずはない」として信じなかったが、続々と浅井氏裏切りの報告が入ってくるに及び、越前乱入を見送り、京都への撤退を選択した。池田勝正、明智《あけち》光秀《みつひで》（のち惟任《これとう》を名乗るが明智と表記する）、木下秀吉らが殿軍《しんがり》を受け持ち、信長は無事帰京した。信長の判断が早かったこともあるが、浅井氏にも手抜かりがあったと思われる。また、六角氏も浅井氏に連動して六千人の軍勢を繰り出して信長軍を挟み撃ちにしようとしたが、逆に信長軍に二千人ほどを討ち取られる大敗となり、六角軍はそのまま瓦解《がかい》した（『益田家什書』）。

信長は永禄十一年（一五六八）九月の上洛作戦から破竹の勢いで勝利してきたが、計画を一から練りなおす必要が出てきた。浅井氏の裏切りは、予想以上に波紋を拡大させ、信長の危機が増大していくことになる。地に足をつけてその危機を乗り越えられたのは、勝家をはじめとした尾張・美濃の直臣衆の活躍によるところが大きかったと推測できるが、美濃国を版図に入れてから三年にも満たないことを考慮すれば、やはり頼りになったのは勝家らの尾張衆だったであろう。

長光寺城の籠城戦

京都に戻った信長は、反転攻勢をかける。帰京した翌日の五月一日には二条御所の義昭に挨拶し、同九日に二万騎を率いて近江へ出馬した。近江での戦いを継続するか、もしくは岐阜へ帰国するか両様の構えで出京したようである。宇佐山《うさやま》に城砦《じょうさい》を構築し、森可成を据え、五月十二日には永原《ながはら》まで下向。浅井・朝倉や六角氏の動きを睨《にら》みつつ、いったん帰国することに決した。

永原城には佐久間信盛、長光寺《ちょうこうじ》城には勝家、安土《あづち》城（のちの信長の安土城とは別）には中川重政兄弟を在番させるなど、南近江の主要城郭に家臣を配置し、岐阜と京都との間の通路を確保するようにした。宇佐山城、永原城、長光寺城、安土城のラインを強化し、南近江で策動を続ける六角氏の反攻に対処し、いまや敵となった浅井氏の南下への備えとした。

南近江を任された勝家や信盛らは六角氏の反攻鎮圧に追われる。六月四日、六角承禎・義治父子は、かつての地盤である南近江で一揆《いっき》を煽動《せんどう》し、北進して野洲川《やすがわ》方面へ侵攻してきた。勝家と信盛は協力して出陣し、野洲川で足軽部隊に応戦させつつ野洲川北岸の落窪《おちくぼ》で一戦に及んだ。六角家臣の三雲父子らのほか、伊賀・甲賀衆の侍七百八十を討ち取る大勝となり、南近江をほぼ平定した。

戦いの場所は、『言継卿記』には、六角旧臣進藤《しんどう》氏の地盤である野洲川河口の「小浜《こばま》」（滋賀県守山市）、当事者の承禎・義治父子の書状によると、小浜よりやや上流の「笠原表《かさはらおもて》」（守山市）としている。『言継卿記』には、六角側は二、三千人が討死し、敗軍となったとある。午後四時頃には、将軍義昭のもとに続々と注進が入り、信盛、勝家、近江衆の進藤氏、永原氏らが勝利したと記している。首注文（戦場で討ち取った敵の頸と、それを討ち取った者の名前を記した帳簿）も作成され、三百余が記されてあったという。『甫庵信長記』には、討ち取った頸を岐阜へ送ったところ、信長は非常に喜び、信盛と勝家であればこれくらいの武功は珍しくないが、信長の下知も受けずに活躍したのは「大切」と評価し、二人にそれぞれ三万貫を加増したとある。六月二日にも湖西の和邇で戦いがあり、武藤《むとう》勝右衛門が討死している（『孤岫録《こしゅうろく》』『高安和尚法語集《こうあんおしょうほうごしゅう》』）。

勝家の「瓶割柴田」の逸話は、この野洲川の戦い直前のことと思われる。この逸話を最も早く記している史料の一つが、江戸初期の軍学者山鹿素行による『武家事紀』である。同史料によると、六角承禎父子は逼塞していた甲賀から野洲郡まで出陣し、勝家が籠城する長光寺城を攻囲した。承禎は近隣の住民を呼び出して長光寺城のことを尋ねると、この城は城内で水の補給が困難なため、後ろの谷から水を取り入れている旨を聞き出し、家臣に命じて水の手を断った。危機に陥った勝家は城兵を集め、城内の水はこの三つの瓶にあるだけと打ち明け、余力のあるうちに決死の戦いを挑もうと鼓舞《こぶ》し、三つの瓶を打ち割った。翌日には長光寺城を出撃し、六角承禎の旗本を打ち破り、その勢いで野洲川原まで追い討ちをかけて勝利を収めたという。これ以降、勝家のことを「ツボワリ柴田」「鬼柴田」と呼ぶようになったと記している。現在では「瓶割」は、「かめわり」と読まれることが多いが、当初は「つぼわり」と呼ばれていたようである。

信長は、岐阜に帰国していたが、浅井方の重臣である堀秀村《ほりひでむら》、およびその家老の樋口直房《ひのくちなおふさ》の調略に成功したことを好機として、六月十九日、浅井氏攻めに出馬する。同二十一日には浅井氏の居城小谷《おだに》城を攻囲し、森可成や坂井政尚らに命じて城下に放火して挑発し、信長自身は虎御前山《とらごぜやま》に登って本陣を据えた。勝家、信盛、蜂屋頼隆、木下秀吉、丹羽長秀、および近江衆に命じ、「在々所々谷々入々《たにだにいりいり》まで御放火」させた。信長得意の放火戦術である。力攻めを避け、いったん引き揚げた。この時、殿軍は勝家か信盛かと思われたが、信長は大軍を擁している勝家や信盛よりも、臨機応変に対処できる小勢の佐々成政、簗田広正《やなだひろまさ》（のち別喜《べっき》を名乗るが簗田と表記する）、中条秀正《ちゅうじょうひでまさ》の三将に命じた。三将のほか、馬廻衆《うままわりしゅう》（親衛隊）も参戦し、さらに信長の弓衆も援護射撃したが、浅井軍はそれに屈せずに追撃してきたものの、勝家が数千騎を擁して待ち受けている様子を見て、ようやく引き揚げていった（『甫庵信長記』）。

その後、信長は徳川家康の援軍を得、長政は越前の朝倉義景が派遣した朝倉景健《かげたけ》（義景の甥《おい》で女婿という）の援軍を得、六月二十八日、姉川河畔《あねがわかはん》で戦いを繰り広げた。姉川の戦いである。周知のように、信長方の勝利となったが、一気呵成《いっきかせい》に小谷城を陥落させることはできず、長期戦になる。『甫庵信長記』には信盛は七千騎、勝家は五千騎を率いていたというが、誇張に過ぎよう。勝家個人の活躍は確認できないが、信盛とともに信長軍の主力として勝利に貢献したであろう。勝家宛のものは確認できないが、六月晦日《みそか》付で信盛宛の将軍義昭の感状写《うつし》（『藩中古文書』）が伝わっている。信長は、留守部隊を残して七月四日、小人数で上洛し、義昭に戦勝を報告、同七日（『言継卿記』）には岐阜に向けて下向した。

本願寺挙兵

信長は、席の温まる暇《いとま》もなく、敗退していた三好勢が摂津に上陸してきたことから、三好討伐のために八月二十日、岐阜を出馬し、京都を経由して二十六日から三好勢が籠る野田《のだ》城、福島《ふくしま》城の攻撃を開始する。もちろん勝家も従軍した。信長自身は天王寺《てんのうじ》に本陣を据え、先陣は敵城に近い場所に陣取らせた。この時の三好攻めでは、将軍義昭が親征したほか、信長軍はもちろん、のちに敵対する根来衆《ねごろしゅう》、雑賀衆《さいかしゅう》、湯川《ゆかわ》などの紀州衆二万人も参陣していた。三好方は内応者も出てくる始末で、危機に陥って降伏を願い出てきたが、陥落間近と判断した信長は許容しなかった。

しかし、ここで思いも寄らない事態が発生する。信長が美濃を平定した永禄十年（一五六七）から友好関係を続けてきた大坂本願寺の顕如《けんにょ》が挙兵。三好勢が籠城する野田城や福島城からほど近い立地の大坂本願寺としては、野田・福島両城が落城すれば、織田軍が大坂本願寺を攻撃するのではないかと危機感を抱き、九月十二日に挙兵した。

本願寺の挙兵だけなら対処できたが、本願寺と連動して、浅井・朝倉軍が湖西を南下し、九月十六日には坂本口まで侵攻してきた。宇佐山城の守備についていた森可成は、坂本まで下りて、小勢ながら浅井・朝倉軍を打ち破ったが、九月二十日の戦いでは多勢に無勢、討死してしまった。勝家の盟友ともいうべき可成の討死は、勝家にとってもかなりの痛手になったであろう。この時の戦いでは信長の実弟九郎（信治《のぶはる》）も討死している。浅井・朝倉軍の勢いは止まらず、大津《おおつ》周辺に放火し、逢坂《おうさか》を越えて醍醐《だいご》・山科《やましな》も焼き払い、京に迫る勢いを示した。

　信長は京都の治安を守るため、翌二十一日、勝家、明智光秀、村井貞勝らを上洛させて二条城を警固させる（『言継卿記』）。二十二日、勝家は浅井・朝倉軍の動向を探った上で、摂津中島《なかじま》まで下って信長に報告。さすがの信長も敵軍を京に入れては面目丸潰《まるつぶ》れである。信長は義昭を供奉して摂津の陣を引き払う。最も困難な殿軍は勝家と和田惟政が受け持った。

　態勢を立て直した信長は、浅井・朝倉軍の討伐に向かう。九月二十四日には本能寺から出馬し、逢坂を越えて朝倉軍を攻撃しようとしたが、信長の旗印を見て朝倉軍は敗走して比叡《ひえい》山《ざん》に籠ってしまった。信長は延暦寺《えんりゃくじ》の僧衆を呼び寄せ、味方すれば分国中の山門《さんもん》領は返還する、また僧侶の身として一方に加担することができないのなら中立を守れ、と道理を説いて説得したが、延暦寺側はこれを無視し、浅井・朝倉軍に加担する格好となった。信長はその日は下坂本《しもさかもと》に本陣を据え、翌二十五日、大軍をもって比叡山を攻囲した。勝家は、氏家卜全《うじいえぼくぜん》（直元《なおもと》）、安藤守就、稲葉一鉄の美濃三人衆とともに田中《たなか》村に陣取った。信長の最大の危機の一つといわれる「志賀《しが》の陣」の始まりである。浅井・朝倉軍と膠着《こうちゃく》状態となり、身動きできない窮地に陥った。しびれを切らせた信長は、十月二十日、朝倉義景に使者を派遣し、日取りを決めて一戦しようと持ちかけたが、回答はなかった。

　摂津では三好勢が息を吹き返し、近江をはじめ各地で一揆が蜂起《ほうき》し、南近江では六角氏がまたぞろ策動を始めるなど、蜂の巣をつついたような状態に陥った。十一月二十一日には、信長の地元である小木江《こきえ》城に籠城していた信長の実弟彦七（信与《のぶとも》）が長島《ながしま》の一向一揆軍に攻められ、自害して果てた。偶然だが、この日、六角承禎と和睦《わぼく》し、二十五日には琵琶湖《びわこ》の舟運に影響力を持つ、猪飼野昇貞《いかいののぶさだ》、馬場《ばば》孫次郎、居初《いそめ》又二郎の三人が信長方に加担して忠節を誓ったことで、坂井政尚らが三人の人質を受け取り、堅田《かたた》への中入り作戦を実行した。越前衆の前波景当《まえばかげまさ》や朝倉義景の右筆《ゆうひつ》（書記役）中村木工丞《なかむらもくのじょう》らを討ち取ったものの、織田軍も坂井政尚らが討死する損害を被った。政尚は、勝家とともに「軍奉行《いくさぶぎょう》」と称されるほどの武将だったが、森可成に続いて討死してしまった。勝家とコンビを組んでいた二人の盟友が討死したことは勝家にとっても痛恨事だっただろう。

結局、志賀の陣は、双方にとってはぎりぎりの戦いでもあり、和睦に向けて動き出す。義景は北陸の冬を恐れ、信長は本国が気になり、関白二条晴良《にじょうはれよし》や将軍義昭の尽力で和睦することになる。双方で重臣同士による人質交換がなされたが、織田方からは氏家卜全（稲葉一鉄とも）と勝家の子供が出された（『言継卿記』『尋憲記』）。結果として、朝倉氏が和睦に応じたことで、信長は息を吹き返し、自らの滅亡を招くことになった。

第一次長島攻めで負傷

元亀元年（一五七〇）十二月十三日に和睦が成り、信長は同十七日、岐阜に帰国した。翌年の一月一日、信長は岐阜城で年賀の拝礼を受けたのも束《つか》の間《ま》、前年末の和睦条件を反故《ほご》にして動き出す。

浅井氏の重臣磯野員昌は孤立無援となって降伏し、居城の佐和山《さわやま》城を開城した。佐和山城には丹羽長秀が城代《じょうだい》（城主の代行者）として守備に入った。劣勢を跳ね返すため浅井長政も攻勢に出ざるを得ず、五月六日には姉川まで出撃してきたが、横山《よこやま》城に在番している木下秀吉が撃退し、長政は得ることなく小谷城に引き返した。

信長は五月十二日、実弟が攻め殺されても救援すらできなかった長島の一向一揆討伐に出馬する。翌十三日（十六日とも）には、加勢を申し入れてきた徳川家康に礼状を認《したた》め、所々に立て籠っている一揆勢を殲滅《せんめつ》させるつもりだったが、降伏を申し出てきたので赦免した、と伝えている（『松濤棹筆《しょうとうとうひつ》』）。ただ、この書状写は、五月十六日付の大館上総介《おおだてかずさのすけ》宛の書状写（『牧田茂兵衛氏所蔵文書』）と同様の文面であり、検討の余地がある。

織田軍は三方面から進軍。『勢州軍記《せいしゅうぐんき》』には、近江、美濃、尾張の五万余の軍勢を動員したとある。本軍を率いる信長は津島《つしま》口を進軍し、あとの二方面軍については、一手は佐久間信盛が大将となって尾張衆を中心に中筋《なかすじ》口を進軍。もう一手は勝家が大将となり、美濃三人衆、不破河内守（光治）、丸茂《まるも》兵庫（光兼《みつかね》）、飯沼《いいぬま》勘兵衛（長継《ながつぐ》）など美濃衆を従えて多芸山《たぎやま》の麓《ふもと》から太田口《おおた》を経由する西美濃方面を進軍し、在々所々に放火した。信盛と勝家が織田軍の両大将だったことが分かる軍団編成であった。

しかし、はかばかしい戦果もなく、五月十六日には退却に移り、大河と山の間にある一本道の難所を撤退した。勝家が殿軍を受け持ったが、敵勢は待ち伏せして弓・鉄炮《てっぽう》でゲリラ戦を展開。勝家は軽傷を負ったものの「高名比類なき」（『信長公記』）働きを示した。尾張時代にも勝家は戦傷の経験があるが、今回も軽傷ながら負傷した。五月二十四日には、ほぼ傷は癒えていたようである（『神田文書』）。

勝家に代わって氏家卜全が殿軍となったが、家臣ともども討死する始末だった。それほどの難戦だったことが判明する。この時、勝家は金の御幣《ごへい》の馬印《うまじるし》（戦場で大将の居場所を示した目印）を敵方に奪われたが、小姓の水野《みずの》次右衛門（十六歳とも十七歳とも）が敵中に駆け入り、取り返して勝家に進上したことで面目を保つことができた。この希代の働きに対し勝家は過分の恩賞を与え、さらに母衣《ほろ》をも預けたという。『甫庵信長記』は、「後代までも名を残しける手柄」と称賛している。

『蒲生文武記《がもうぶんぶき》』では尾鰭《おひれ》がつき、勝家の馬印を奪った敵方は、その馬印を高く掲げ、「柴田殿が逃げていく」などと嘲笑《ちょうしょう》し、勝家は無念やるかたなく思ったが、いかんともしがたかった。しかし、水野次右衛門がただ一人で引き返して取り戻したことで面目を保ったという。

第一次長島攻めでは、信長はこれといった成果もなしに岐阜へ帰国することとなったが、それでも一揆方を数百人討ち取ったという（『東寺光明講過去帳』）。

中川重政兄弟との確執

この頃に惹起《じゃっき》した中川重政兄弟との争い事について確認してみよう。家中での揉め事というのはとくに珍しいことではない。良質な史料では確認できないことが多いが、所領に関することや遺恨などによる場合が多い。この場合も所領に絡む争いである。織田家重臣による争いだけに、織田家中を揺るがす大事件に発展する恐れもあった。また、信長が四面楚歌《しめんそか》の状態だったことから、敵側から付け入られる可能性すらあった。

この事件は『武家事紀』に記載されているが、記述が簡略すぎて全体像はよく分からない。決して小さくない波乱だったと思われるが、『信長公記』に記されていないことで等閑視されている側面がある。

中川重政は、中川と名乗っているが、織田一族である。長男が中川重政、次男が津田盛月《もりつき》（織田左馬允《さまのじょう》）、三男が織田薩摩守《さつまのかみ》である。重政、盛月ともに黒母衣衆《くろほろしゅう》に連なり、薩摩守は赤《あか》母衣衆《ほろしゅう》に抜擢《ばってき》されており、三兄弟ともに信長の馬廻衆として活躍し、『信長公記』にも登場する。

事件に至る経過を簡単に説明すると、元亀元年（一五七〇）四月、越前の朝倉攻めが浅井氏の裏切りによって撤退を余儀なくされ、さらに岐阜と京都との通路も押さえられ、南近江では六角氏も反撃に出たため、岐阜への帰国途上、宇佐山城に森可成、永原城に佐久間信盛、安土城に中川重政、長光寺城に柴田勝家らを配置して南近江を固めたが、『武家事紀』によると、近江国野洲郡のうちの「ミシヤウブン」（読みとしては「みしょうぶん」）という三千石の地について、勝家にも重政にも朱印状が発給され、それが紛争の種になった。もとはといえば、信長の不手際である。元亀三年八月のことと推測されている。

「ミシヤウブン」（「ミシヤウライ」とも記されるので、蒲生《がもう》郡の西生来《にしょうらい》の可能性がある）の近くの港町である常楽寺《じょうらくじ》に、勝家は代官として鈴木《すずき》孫右衛門、松浦《まつうら》弥助両人を派遣し、重政も同様に春田《はるた》与右衛門、建部寿徳《たけべじゅとく》を派遣していた。おそらく両者の代官同士で揉めていたのであろう。こうした折、重政の弟左馬允が兄重政に相談することなく独断で兵を出して勝家の代官を急襲した。鈴木孫右衛門と松浦弥助は船で逃亡したが、鈴木は荒川《あらかわ》又助（荒木《あらき》久助とも）に射倒され、牟礼《むれ》郷右衛門に頸を取られた。松浦弥助は母親を見捨てて逃亡したため、母親は殺害された。当然ながら、信長の知るところとなり、重政兄弟は改易《かいえき》処分となった。

この最終的な争いの前に、すでに予兆はあった。長命寺《ちょうめいじ》から徴収する課税をめぐって勝家と重政の間に揉め事が起こっていた。長命寺に対する二月二日付柘植《つげ》実治《さねはる》書状、同二月五日付中川重政書状、二月五日付加藤景利《かとうかげとし》書状、三月十八日付柴田勝家書下《かきくだし》（『長命寺文書』）などを見ると、互いに信長の朱印状を楯に一歩も譲らない構えであり、信長の裁定がなければ一触即発のようであった。のちに事件となったことを勘案すると、信長の親裁がなされなかったのだろう。

『武家事紀』の情報元になったと思われる『津田覚書』（津田一族の事歴などの聞書）を紐解《ひもと》いて、もう少し確認してみよう。事件当時、当事者の勝家も重政もともに岐阜城に詰めていたという。左馬允は二、三百人で夜討し、夜のことであり、松浦弥助の母は、弥助と間違えられて斬《き》られ、鈴木孫右衛門は娘とともに船で逃走中に射倒された。前日、鈴木孫右衛門は安土へ来て能を演じ、牟礼郷右衛門と田植えの狂言をしたという。郷右衛門は孫右衛門と狂言をする仲であり、しかも若武者の荒川又助が射倒した孫右衛門の頸を取ったことで、見苦しいと評判が悪かったようである。このあと左馬允自身は常楽寺に陣取った。

事件の一報を得た明智光秀は坂本から、磯野員昌は祇園《ぎおん》（長浜《ながはま》の近く）から、佐久間信盛は永原城から常楽寺へ見回りにきた。周辺の武将が鎮圧に乗り出したのは当然だろう。この時、長光寺城には勝家の代わりに甥の佐久間盛政が在番していたが、左馬允は長光寺城を攻撃し、盛政を討ち取ろうとした。

この間、勝家は、女婿の原田直政を通じ、「左馬允が朝倉方に内通して謀叛した」などと謀叛の証拠を添えて信長に伝えた。信長は、重政の子供を人質として確保し、重政を改易処分とした。佐久間信栄《のぶひで》（信盛の嫡男）と丹羽長秀が安土城を接収しようとしたが、左馬允は抵抗。双方旧知の間柄であり、長秀も旧主（坂井監物）が安土城に入っており、苦慮したと思われる。しかし、兄重政の説得で三日後には城を引き渡した。重政は剃髪《ていはつ》して直ちに朝熊山へ入って謹慎し、左馬允も永原城を経て朝熊山へ入った。

話はここで終わらない。尾張牢人の関《せき》甚五兵衛という者が武田信玄《たけだしんげん》のもとにいたが、この事件を聞きつけ、信玄の使者として重政兄弟を誘いに来た。重政兄弟は武田家にまで聞こえた武将でもあったということだろう。また、この時、信玄だけではなく、家康も榊原康政《さかきばらやすまさ》らの使者を派遣して迎えを寄越してきた。左馬允は誼《よしみ》のある家康がいる浜松《はままつ》に下ることに決し、重政は朝熊山で入道して土玄《どげん》と称していたが、左馬允と同道し、一族など主従十九騎で浜松に下った。重政兄弟が蟄居《ちっきょ》程度の処罰で済んだのは合点がいかないが、信長の不首尾もあり、叛意もなかったと考慮されたのだろう。また、この時期に織田家中での粛清はその影響が大きいと判断されたのかもしれない。勝家にとっても後味の悪い事件だっただろう。ただ、重政の与力だった永田景弘《ながたかげひろ》らが勝家付となり、「ミシヤウブン」の所領も確保でき、実利的には潤ったと思われる。

近江での活躍

勝家の近江国蒲生郡の分郡支配は、元亀元年（一五七〇）五月、長光寺城に配されてから、天正三年（一五七五）九月、越前国の支配を任されるまでの五年以上続くことになる。この間、前述のように織田家中での揉め事もあり、また近江は一向一揆の勢力が強く、さらに長期にわたって六角氏の領国だったこともあり、分郡支配は困難だったであろう。ましてや領国統治に専念できる環境でもなく、河内国や大和国での守備や長島一向一揆の討伐に従軍するなど多忙を極めた。

元亀二年（一五七一）八月には、浅井氏の小谷城攻めと並行した一揆討伐にも従軍した。信長は八月十八日、北近江に出馬し、秀吉が守備する横山城を経由し、同二十六日には小谷城と阿閉貞征が守備する山本山城《やまもとやま》の間の中島《なかじま》に夜陣を張った。勝家は先鋒《せんぽう》として余呉《よご》・木之本《きのもと》まで放火し、翌二十七日に帰陣。信長は重要な役割である殿軍には勝家を起用し、大事をとって原田直政に鉄炮隊を付けて派遣した。案の定、敵方は執拗《しつよう》に追撃してきたが、勝家は三度まで返し合わせて追撃軍を撃退する武功を挙げた。『甫庵信長記』には、「今度に限らず大事の殿《しっぱらい》をば、この柴田にぞ仰せ付けられけるに、毎度利を得る事のみにして、失う事は無かりけり」と絶賛している。

信長は、八月二十八日は佐和山城、翌二十九日は肥田《ひだ》城に泊り、先陣は一揆勢が立て籠る小川《おがわ》・志村《しむら》に放火し、翌九月一日には志村城の攻略を視察した。佐久間信盛、中川重政、丹羽長秀、および勝家の四将らの軍勢が四方から攻めかかり、六百七十の頸を討ち取った。このうち勝家軍は百三十を討ち取ったという（『蒲生文武記』）。この凄まじい様子を見た小川城の小川孫一郎（祐忠《すけただ》）は人質を差し出して降伏。織田軍はさらに南下を続け、九月三日には常楽寺で宿陣し、同八日には守山《もりやま》まで陣を進めた。一揆勢が籠る金森《かねがもり》を完全包囲したことで、一揆勢は詫び言を申し出、人質を出して降伏した。

信長は、金森の一揆を赦免したあと、陽動作戦として南方へ出陣すると触れ、九月十一日には三井寺《みいでら》の山岡景猶《かげなお》のところに本陣を据え、翌十二日、比叡山を焼き討ちした。

他方、比叡山焼き討ちの前月、勝家の盟友ともいうべき和田惟政が討死していた。甲賀の国衆である惟政は、将軍義輝が暗殺された直後から、興福寺一乗院門跡となっていた義昭の庇護に努め、織田信長との折衝なども担当し、義昭を将軍職に就けた最大の功労者の一人でもあった。上洛直後には、摂津の三守護の一人として抜擢されたが、元亀二年（一五七一）八月、摂津守護の一人だった池田勝正の家臣として頭角を現しつつあった荒木村重《むらしげ》や高山右近《たかやまうこん》などと郡山《こおりやま》で戦い、あっけなく討死してしまった。うまく切り抜けていれば、その後の活躍が楽しみな武将の一人でもあった。宣教師に好意的だったことから、宣教師の記録には大人物として描かれている。元亀元年には、これも親しかったであろう森可成と坂井政尚が相次いで討死し、翌年には親友ともいえる惟政が討死してしまった。彼ら三人が討死せずに、その後も活躍を続けていれば、勝家を中心としたグループは織田家中最強の派閥になっていたであろう。山城・大和守護を兼務したと評される原田直政（勝家の女婿）も加えた派閥となり、本能寺の変後、秀吉の出る幕などはなかったかもしれない。話が横道に逸《そ》れた。

分郡支配の参考となるのが、六月十七日付日比野三郎右衛門尉宛柴田勝家の書状写（『橋本《はしもと》左右《そう》神社文書』）である。蒲生郡の薬師《くずし》村と橋本《はしもと》村・鵜川《うかわ》村の山出入《やまでいり》（山の権益についての争論）については信長の「御帰陣」まで延期するように日比野三郎右衛門尉に指示したものである。この時点では勝家には争論を裁定する権限がなかったものと思われる。日比野三郎右衛門尉の詳細は不明だが、名字から判断すると、おそらく尾張、もしくは美濃の出身で勝家の代官として派遣されていたのだろう。年次は、勝家が近江支配から離れる天正三年（一五七五）以前だが、信長の帰陣という状況は天正二年が該当しよう。第三次長島攻めの直前にあたる。

前記の紛争では権限がなかったが、天正三年六月二十六日には日野川の取水をめぐる水争いを裁許しており（『中津井《なかつい》文書』）、分郡支配の進展が窺える。勝家は従軍しなかったが、長篠《ながしの》の戦い後ひと月ほどを経過した時期であり、ひと月半後には越前一向一揆討伐に出陣する。越前に移る前の近江における最後の仕事の一つが、保内下四郷《ほないしもしごう》百姓に対する仕置《しおき》（取り締まり）である。保内下四郷内の社領を没収しようとしたが、氏子から前例がないので免除してほしいとの嘆願を了承し、八月十日付で返付すると通達した。八月二十日には、家臣の加藤景利が副状《そえじょう》を発給して実務処理している（『中野共有文書』）。

二条城攻略の総司令官

元亀三年（一五七二）末（諸説あり）、信長は義昭に対して十七か条から成る条書を突き付けて、その行動を糾弾した。それに先立ち、友好関係だった武田信玄が裏切り、十月三日、甲府《こうふ》を出陣し、敵対行動に出た。信長は徳川家康に援軍を派遣したものの、家康は十二月二十二日の三方ヶ原《みかたがはら》の戦いで大敗する。援軍については、佐久間信盛、水野信元《のぶもと》、平手汎秀《ひらてひろひで》の三将を派遣したといわれるが、なかには勝家も派遣されたという記録もある。信長に敵対を続けてきた大坂本願寺、浅井・朝倉に加え、信玄も反信長陣営に属したことで将軍義昭も徐々に軸足を信長から移し、元亀四年（一五七三。七月に改元して天正元年）二月十三日、反信長の旗幟《きし》を鮮明にした。

信長は、勝家、明智光秀、丹羽長秀、蜂屋頼隆の四将に義昭方の石山砦《いしやま》（滋賀県大津市）の攻略を命じた。二月二十日に出陣し、同二十四日には瀬田で渡湖し、石山砦への攻撃を開始。石山砦には上山城《かみやましろ》守護の山岡景友が大将として籠城していたが、砦が未完成だったこともあり、二月二十六日には降伏に追い込み、砦を破却した。同二十九日には今堅田《いまかたた》の砦も攻略。翌三月一日付で勝家は山城の国衆革島秀存《かわしまひでまさ》からの初めての音信に返書し、「昨日今堅田成敗申付候」と伝え、秀存からの名代（援軍）の派遣を謝している。これによって志賀《しが》郡の大半を平定し、光秀は坂本城に帰城し、他の三将も帰陣した。『増補筒井家記』などには勝家の軍勢は二千五百余人、他の三将の軍勢は四千余人だったとしている。フロイスの書簡では勝家は五、六千の兵を率いていたとしており、勝家は四将の大将だったのだろう。三月十九日付の長景連《ちょうかげつら》宛上杉謙信《うえすぎけんしん》書状でも、この時の勝家の軍事行動に触れ、「志賀へ打登《うちのぼり》候」と記しており、勝家の存在感が窺える（『反町英作氏所蔵文書』）。

信長は義昭に対して和を請うたが、三月八日（七日とも）には和睦交渉が決裂したため、信長は武力行使に出る。同二十五日に岐阜を出馬し、二十七日には大津に宿陣して様子を窺い、二十九日に上洛し、知恩院《ちおんいん》に本陣を据えた。『兼見卿記《かねみきょうき》』によると、信長は吉田《よしだ》郷に陣取などを禁じ、勝家が吉田郷を警護した。

一方の義昭は三月三十日、村井貞勝の屋敷を包囲するなど徹底抗戦の構えを示した。信長軍も四月二日から洛中洛外に放火し、義昭を威嚇。フロイスの一五七三年五月二十七日（元亀四年四月二十六日）付の書簡を見ると、勝家については「総司令官の柴田殿」と表記されており、織田軍の総大将として、洛中洛外に放火して二条城の義昭を追い詰めた。上京《かみぎょう》は焼き討ちされたが、下京《しもぎょう》は織田軍に軍用金を贈ることで焼き討ちを免れた。下京からの礼銭の出納帳には、信長・信忠父子をはじめ、丹羽長秀、佐久間信盛、原田直政、蜂屋頼隆、金森長近、松井友閑《まついゆうかん》、島田秀満、武井夕庵《たけいせきあん》、村井貞勝、細川藤孝、荒木村重など錚々《そうそう》たる家臣の名前が記載されている。この中で勝家に対しては信長父子を除くと最も金額が多い。柴田源左衛門尉、同理介、同勝豊、徳山秀現《とこのやまひであき》など勝家の一族や家臣の名前も記載されており、勝家軍が主力だったことを裏付けている。また、天龍寺は織田軍だけでなく将軍側にも礼物を贈っており、より安全性を担保している。織田軍では、信長はもろちん、勝家のほか細川藤孝、明智光秀、武井夕庵の名前が記載されている。信長は兵隊の乱妨狼藉を禁じたが、禁を破った八人の者は勝家によって斬首《ざんしゅ》された。のちに信長は七月一日付で下京に対し、軍勢の陣取などを禁じて保護し、勝家も同四日付で副状を発給している。

信長の強硬策にも義昭は屈せず、和睦を受け入れなかったが、四月四日、二条城が包囲され、上京が放火されるに及んで籠城の不可を悟り、信長との和睦に応じた。総司令官の勝家は、翌五日には天龍寺に陣取放火などを禁じ、治安維持に努めている（『天龍寺文書』）。その後、双方で起請文《きしょうもん》（書いた内容を神仏に誓う文書）を取り交わし、和議が成立。信長側からは幕臣に対し、四月二十七日付で、勝家のほか、林秀貞、佐久間信盛、美濃三人衆、滝川一益らの重臣が連署した。

信長は四月八日には岐阜へ下向したが、途中、近江国守山に陣し、さらに百済寺《ひゃくさいじ》に宿陣して六角義治が籠城する鯰江《なまずえ》城を攻めた。この機会に、南近江で策動を続ける六角氏を完膚なきまでに叩いておく作戦である。攻撃軍は、勝家のほか、佐久間信盛、蒲生賢秀、丹羽長秀の四将が四方から包囲し、付城《つけじろ》（敵城攻撃の拠点の砦）も構築して完全包囲。百済寺が六角氏に協力してきたことを咎め、十一日には堂塔伽藍《がらん》坊舎仏閣をことごとく焼き尽くした上で岐阜に下向した。

一方、勝家宛の四月十九日付信長朱印状（『山崎文書』）を見ると、河内支配の拠点の一つである若江《わかえ》城の攻略について指示を受けている。三好一族の十河存保《そごうまさやす》が松浦肥前守《まつらひぜんのかみ》を通じて信長に接近してきたことに対し、存保が本宗家の三好義継（存保の従兄）の若江城を即時に攻略すれば、義継が支配してきた河内半国、および摂津国の欠郡《かけのこおり》（郡名）を与えることを約し、もし即時に落城させることができなくても、付城などを構築して落城に追い込めば河内半国を与えることを、勝家を通じて伝えさせた。勝家の河内国への管掌の一端である。

この間も浅井氏の小谷攻めは続いており、六月四日付の浅井長政の書状（『中村不能斎《なかむらふのうさい》採集文書』）によると、五月二十九日夜、勝家と秀吉らは伊賀衆を従えて小谷城の麓に迫ったが、堅固な守りのため敗退し、浅井方の足軽衆に鉄炮で追い立てられて武器等も残して這《ほ》う這《ほ》うの体で退却したという。ただし、家臣宛の書状なので強気の発言をしている可能性があり、割引く必要があろう。長政は前年の九月五日付書状（『島記録』）でも勝家の陣所を焼き払ったなどと景気のいいことを言って家臣を鼓舞している。勝家自身の六月四日付の大徳寺《だいとくじ》宛書状（『大徳寺文書』）には、小谷攻めの陣まで使僧を派遣してくれたことに対して感謝し、京都の治安のことは心配ご無用とし、「江北《ごうほく》の番手として出陣せしめ候、ようやく隙《ひま》明け候条、近日長光寺に至って罷《まか》り帰るべく候」と伝えている。小谷城攻めは秀吉が中心となって進めていたが、応援として勝家らも出陣していたことが窺える。

六月十二日には、勝家の家臣である柴田源左衛門尉勝定《かつさだ》と佐久間理介勝政が連署し、信長が沖島《おきのしま》（琵琶湖で最大の島）に賦課した礼米百三十石を今月中に豊浦《といら》に持参して納めるように永田景弘らに指示している（『沖島共有文書』）。景弘は蒲生郡の国衆で、もともとは六角氏に属し、八幡山《はちまんやま》の城主だったが、信長が上洛した時に臣従した。中川重政の与力だったが、重政没落後は、勝家の与力に転じたようである。沖島との関係では、年次未詳の三月十三日付で堅田衆の猪飼野昇貞《のぶさだ》が沖島惣中《そうちゅう》に対し、地子《じし》（土地税）の徴収について勝家や勝定の対応を知らせている。また、これも年次未詳の五月三日付で浅尾《あさお》弥兵衛が沖島惣中に対し、柴田勝定が命令した通りに哨戒《しょうかい》活動をしていることを賞しており、沖島は勝家の支配下にあった。

義昭再度の謀叛

　義昭は元亀四年（一五七三）七月三日、京都を出奔し、京の二条城には奉公衆の三淵藤英《みずぶちふじひで》（細川藤孝の実兄）を城将として配置し、幕臣の伊勢貞興《いせさだおき》や、武家昵近《じっきん》公家衆（天皇に仕えながら将軍にも奉公する）の日野輝資《ひのてるすけ》、高倉永相《たかくらながすけ》らに籠城させ、自らは天下一の要害と信じていた宇治《うじ》の槇島《まきのしま》城へ移って叛旗を翻した。義昭が頼みにした武田信玄は同年四月、信濃国《しなののくに》の駒場《こまんば》（諸説あり）で帰国途上に病死していた。義昭は信玄の死去を知らずに挙兵したようだが、信長は信玄急死の情報を得て後顧の憂いなく、義昭征伐に出馬することができた。

　義昭謀叛の急報を得た信長の動きは、いつものように素早い。七月六日には先発隊が大津に着陣し、翌七日には信長自身も完成したばかりの大船に乗って坂本に着岸し、同九日には上洛、妙覚寺に本陣を据えた。この時の東寺《とうじ》の『銀子進物日記《ぎんすしんもつにっき》』を見ると、信長をはじめ家臣にも銀子などが贈られているが、勝家や佐久間某（理介か）にも贈られたことが分かる（『教王護国寺文書《きょうおうごこくじもんじょ》』）。義昭に置き去りにされた格好の二条城の城兵は、信長の大軍に包囲されれば勝ち目はないと恐懼《きょうく》していたと思われる。予想通り、信長の大軍に恐れをなした二条城の公家衆は抵抗もせずに退城したが、三淵藤英のみが幕臣の意地を見せて籠城を続けようとした。しかし十日、勝家が二条城に乗り込んで藤英を説得し、十二日、説得に応じて藤英は二条城を退去した。十四日、吉田山《よしだやま》は信長の京都邸にふさわしい場所と明智光秀が進言したため、信長は勝家、羽柴秀吉、滝川一益、丹羽長秀らに命じて実地検分させたものの、屋敷地としては適切な場所ではないと判断され、見送りとなった。

義昭が籠城した槇島城は巨椋池《おぐらいけ》の中島にあった。現在では巨椋池は埋め立てられ、遺構を見ることはできないが、義昭が難攻不落と信じたのも頷《うなず》ける要害堅固な城郭だったことは想像できよう。

七月十七日、信長は槇島城攻めに出馬し、五ヶ庄《ごかのしょう》の上手の柳山《やなぎやま》に本陣を据え、宇治川を渡河して槇島城を攻撃するように命令した。川上軍は、稲葉一鉄と貞通《さだみち》・彦六兄弟の父子が先陣となり、斎藤利治、安藤守就、氏家直通（卜全の子）、不破光治・直光父子、丸茂光兼・兼利《かねとし》父子など美濃衆を主力とした編成。川下軍は、佐久間信盛、勝家、丹羽長秀、羽柴秀吉、蜂屋頼隆、明智光秀、細川藤孝・忠興《ただおき》父子、荒木村重のほか蒲生賢秀・賦秀《ますひで》（氏郷《うじさと》）父子、永原重虎《ながはらしげとら》、進藤賢盛《かたもり》、後藤高治《ごとうたかはる》、永田景弘、山岡景隆《かげたか》・景宗《かげむね》父子、多賀貞能《たがさだよし》、山崎秀《やまざきひで》家《いえ》、小川祐忠らの近江衆を付属させた編成である。

翌十八日には、川上・川下の両軍が一気に渡河し、四方から侵攻し、外構えなどに放火して猛攻し、本丸に総攻撃しようとしたが、恐れをなした義昭は和を請い降伏した。『日本史』にも、槇島城側からは「ほとんど抵抗を受けなかった」とし、「なんら危害を加えることなく、公方様を逃れさせた」としており、日本側の記録と合致する。

『信長公記』には、佐久間信盛と蜂屋頼隆の二将で頸数五十余を討ち取ったことを特筆している。『甫庵信長記』になると、勝家を加えた三将で頸数百五十余を討ち取ったとしている。単純計算すると勝家は頸数百程度を討ち取ったことになるが、どこまで信用できるか心許《こころもと》ない。

信長は義昭の若君（義尋《ぎじん》）を受け取り、義昭を助命し、秀吉が若江城まで護衛して送った。若江城は三好家当主で義昭の妹婿三好義継の居城だったためと思われる。槇島城には細川昭《あき》元《もと》（信良）を入れ置き、七月二十一日に帰洛。義昭を追放した信長はすぐさま改元を要請し、七月二十八日、天正に改められた。

3　各地に転戦

朝倉討伐

足利義昭を追放した信長は残敵掃討に動き出す。七月二十一日の帰洛後、二十六日には琵琶湖で建造した大船を利用して近江の高島《たかしま》方面まで出馬し、陸路軍は木戸《きど》・田中《たなか》の両城を攻撃。攻略後、光秀に両城を与えた。また、三好三人衆の石成《いわなり》友通らが籠城していた淀《よど》城は調略で落城に追い込むなど、義昭の挙兵に与同した勢力を制圧し、信長は八月四日、いったん岐阜に帰国した。四日後の同八日、浅井方の阿閉貞征が信長に内通してきたのを好機とし、夜中に出馬し、信長・信忠父子は虎御前山《とらごぜやま》に陣を据えた。

一方、朝倉義景は浅井氏の後詰として二万人を率いて来援したが、士気も低く、義景は状況の不利を悟り、なす術《すべ》なく越前へ撤退する。信長はこれを的確に予測し、麾下《きか》の諸勢に対し、義景が敗走すれば、間髪を入れずに追撃するよう再三指示していた。佐久間信盛、柴田勝家、滝川一益、蜂屋頼隆、羽柴秀吉、丹羽長秀、美濃三人衆らの重臣に加え、蒲生賢秀・賦秀父子、永原重虎、進藤賢盛、永田景弘、多賀貞能、山岡景隆・景宗父子らの近江衆に先陣を命じていたが、信長の再三の命令にもかかわらず追撃を見合わせたことで、信長自身が八月十三日夜中に先駆けをするという異常事態を引き起こした。信長の追撃を知って慌てて追い駆け、地蔵山《じぞうやま》を越えてようやく追いついた。信長から烈火のごとく叱責《しっせき》された勝家、一益、頼隆、長秀、秀吉、稲葉一鉄らの諸将は、「面目も御座なきの旨」を申し上げて詫びた。勝家も油断していたが、目端の利く秀吉すらしくじった。

織田軍の怒濤《どとう》の侵攻で朝倉軍は総敗軍となり、敦賀《つるが》までの十一里（約四十四キロメートル）の間の追撃戦で三千余りの頸を討ち取られた。信長は八月十四日から十六日まで敦賀に在陣し、十七日には木芽峠《きのめとうげ》を越え、十八日には府中龍門寺《ふちゅうりゅうもんじ》に着陣した。義景は朝倉氏五代の居城一乗谷《いちじょうだに》を捨て、朝倉家と縁の深い平泉寺《へいせんじ》を頼り、大野郡山田庄六坊《おおのぐんやまだのしょうろくぼう》へ敗走。勝家は、美濃三人衆や不破光治らとともに義景一行を猛追し、平泉寺口へ侵攻した。山中を隈なく捜索し、毎日百人、二百人を縛して信長の本陣へ連行し、小姓衆が際限なく処刑するという惨劇が繰り広げられた。

平泉寺は義景をかばって織田軍に対抗することの不可を悟り、信長に忠節を誓い、義景を追い詰めた。朝倉家ナンバー2の重鎮で義景の従兄弟でもある朝倉景鏡《かげあきら》すら義景を裏切り、あろうことか主君の頸を斬って信長に差し出し、八月二十四日信長に挨拶した。越前一国を平定し、国掟《くにおきて》を定め、いち早く信長に内通してきていた前波吉継《よしつぐ》（桂田《かつらだ》長俊《ながとし》と改名）を越前の守護代に任命し、同二十六日には返す刀で浅井氏攻めに反転し、虎御前山まで帰陣した。

浅井攻めは秀吉が中心となって進めていたが、信長本軍が来援したことで最終局面を迎える。八月二十七日夜中、秀吉は京極丸《きょうごくまる》へ攻め上って久政《ひさまさ》・長政父子の間を断ち切った。久政の居城を乗っ取り、自害した久政の頸を信長の本陣である虎御前山に持参して披露している。翌日には信長自身が京極丸に登り、長政を殺害させた。『前田家譜』などには勝家や前田利家らが先鋒だったとしている。久政が討ち取られたのは八月二十八日、長政の殺害も同日としているものもあるが、九月一日（八月は小の月で二十九日まで）である。

のちに勝家に再嫁することになるお市は、三人の息女とともに小谷城を無事に脱出し、信長の保護下に置かれた。

浅井氏の旧領（坂田《さかた》・浅井《あさい》・伊香《いか》の三郡といわれる）は信長の朱印状をもって秀吉に下賜《かし》された（与力領含む）。浅井攻めは秀吉が中心になって進めていたので当然の恩賞とはいえるが、信長の家臣の中でも大出世である。勝家は長光寺を居城とし、その周辺を所領としているが、単純に比較はできないものの、分限では秀吉が上回ったと思われる。ただ、勝家は畿内での任務も多かったことから、与力の分限を合わせると単純に秀吉に対して引けをとったとはいえない。秀吉が中心と表現したが、専任といった方がより適切であり、織田軍全体で浅井氏を滅ぼしたので、勝家も含むところがあったかもしれない。

畿内で活躍

永禄十一年（一五六八）の上洛以来、勝家は岐阜や近江の長光寺城を拠点としながら近江国内はもとより畿内各方面で活躍した。多少、時間軸が戻るが、元亀二年（一五七一）と推測されている六月八日付高屋《たかや》連署中（畠山秋高《あきたか》の重臣）宛の信長書状写《うつし》（『伊予《いよ》古文書』）を見ると、三好義継、松永久秀が畠山秋高の高屋城を攻撃したことに対し、勝家が秋高の宿老との間を取り持っていたことが分かる。小谷利明氏が指摘するように「柴田勝家は河内支配にかなり深くつながっていた」（「織豊期の南近畿の寺社と在地勢力―高野山攻めの周辺」）。第一次長島攻めで負傷したあと、比叡山延暦寺の焼き討ちまでの間に河内国にも関与しており、かなり広範囲で活躍していたことが判明する。珍しいところでは、この頃と思われるが、九月二十四日付で祇園社の神輿《みこし》の修理についても関わっている（『京都祇園社古文書』）。

また、閏一月二日付で玉井《たまい》遠江守に礼状を認《したた》めている（『太陽コレクション所蔵文書』）。年次は、日付が閏一月二日であることから従来は天正十一年（一五八三）に比定され、宛所の玉井遠江守についても、天正十一年時点において勝家が連携していた織田信孝の家臣玉井彦助の一族と推測されていた。勝家の花押の形状はもう少し早い時期のものであり、閏一月は元亀三年（一五七二）が該当する。玉井遠江守は和泉国の玉井一族である。勝家が和泉の地侍とも関係を持っていたことが分かる貴重な史料である。前年末には、信長から和泉国の盟主ともいうべき松浦肥前守への取次を命じられており、その関連であろう。

元亀三年三月には佐久間信盛と連署して河内国招提《しょうだい》道場（大阪府枚方市）に禁制を下している（『河端昌治氏所蔵文書』）。三好義継、松永久秀・久通《ひさみち》父子が畠山秋高に敵対し、秋高配下の安見《やすみ》新七郎の交野《かたの》城を攻撃するための砦を構築して軍勢を入れたため、この後巻《うしろまき》（後詰《ごづめ》）として勝家らが出陣した。招提道場は進軍路にあたるため、禁制の発給となったのだろう。

この作戦に連動し、（元亀三年）四月四日付で大和の片岡《かたおか》弥太郎に対し、勝家、佐久間信盛、滝川一益、明智光秀の四将が来《きた》る四月十四日に河内国へ軍勢を出すので参陣して付城を構築するように指示し、在番の人数は貴国衆で調整するように指示している。交野城の救援と三好義継の若江城への攻撃である。信長は出馬しなかったが、勝家、信盛の両大将をはじめ、美濃三人衆らの信長の直臣、および細川藤孝、三淵藤英、明智光秀らの幕臣衆も参陣する大がかりなものであった。三好・松永軍は、大軍の包囲になす術なく、雨夜に紛れて逃亡し、義継は若江城に、久秀は信貴山《しぎさん》城に、久通は多聞山《たもんやま》城に籠城する。将軍義昭は四月十八日付で、勝家と信盛の戦功を賞している（『松雲公採集遺編類纂』『後撰芸葉《ごせんうんよう》』ほか）。写文書だが、宛所は勝家が先である。信長軍は、高屋周辺を経て大和国へ入り、五月十一日帰洛した。

　信長は元亀三年（一五七二）十一月日付で山城国上狛《かみこま》の国衆狛《こま》左《さ》京亮《きょうのすけ》（秀綱《ひでつな》）に対し、信長に味方した見返りとして所領と家臣を安堵した。勝家も十一月二十八日付で信長の了解を得て上狛の延命寺《えんめいじ》を勝家の与力としたので延命寺の知行を違乱しないように通達。南山城でも与力を持つなど勢力を拡大していたことが窺える。また、年次未詳だが、十一月十九日付で、のちに明智光秀の家臣となる佐竹《さたけ》出《で》羽守《わのかみ》（明智秀慶《ひでよし》）に対し、光秀との紛争について助力を求められた件につき返書している（『武《ぶ》家《け》手《て》鑑《かがみ》』）。花押の形状もこの頃のものである。信長家中の重鎮として各所から頼りにされていた勝家の人望が垣間見える。

　前述したように元亀四年（一五七三）七月には再度蜂起した義昭を槙島城に降《くだ》して追放したが、義昭与党として毛利氏などと結ぼうとした三好宗家の義継は若江城に籠城し、反信長として行動した。家老の若江三人衆（池田・野間・多羅尾《たらお》の三氏）が義継に謀叛し、佐久間信盛の軍勢を引き入れた。義継はもはやこれまでと最期を悟り、十一月十六日、奮迅の働きをして自害した。二日後の十八日、勝家は大和国の薬師寺《やくしじ》に対し、信長が朱印状（元亀四年七月日付）で陣取・乱妨狼藉を禁じているのを受け、勝家の軍勢も違反しないように申し付けている（『薬師寺所蔵文書』）。

『信長公記』には、若江城攻めでは信盛が活躍した記述しかないが、勝家も参陣していた可能性がある（『織田信長家臣人名辞典』第二版）。勝家は若江城攻略直後の十一月二十二日付で河内国の大ヶ塚《だいがつか》寺内宛に陣取や乱妨狼藉などを禁じており（『深尾義一氏所蔵古記録』）、翌二十三日付の柴田勝定の書状によると、勝家も河内国に在陣していることが判明する（『金剛寺文書』）。また、佐久間信盛は天正元年（一五七三）十一月日付で大ヶ塚にほど近い喜志《きし》寺内（下水分社《しものすいぶんのやしろ》。大阪府富田林市）に対して軍勢の乱妨狼藉などを禁じているが、勝家も天正元年十一月二十八日付で同様の判物《はんもつ》（花押を据えた文書）を下している（『喜志宮文書』）。勝家と信盛が主力として残敵掃討作戦を展開し、勝家は十二月七日にも長曽祢寺《ながそね》（善龍寺《ぜんりゅうじ》とも。大阪府堺市）に対して陣取や放火・乱妨を禁じている（『大阪府史蹟名勝天然記念物』）。

勝家の活躍は軍事面だけにとどまらない。毛利氏の使僧安国寺恵瓊《あんこくじえけい》の（天正元年）十二月十二日付の書状（『吉川家文書』）によると、毛利氏の仇敵尼子《きゅうてきあまご》氏の再興を目論《もくろ》む山中鹿介《やまなかしかのすけ》

（幸盛《ゆきもり》）が、勝家を通じて信長の支援を取り付けようとしていたことが記されている。幸盛は信長の援助を得るためには信長の信頼厚い勝家に取り入ることが早道と考えたのだろう。『陰徳太平記』などにも幸盛が勝家を頼ったことが記されている。

信長は、天正元年（一五七三）と推測される十二月十五日付で高野山《こうやさん》の金剛峯寺衆徒《こんごうぶじしゅと》・在陣衆に対して朱印状を発給し、大和国宇智《うち》郡の敵に対し、所々に陣取って対抗していることを賞しており、勝家が取次を担当（『高野山文書』）。信長は同日付で根来寺在陣衆に対し、在陣の労をねぎらい、これも勝家が取り次いでいる（『那賀郡古文書』）。勝家は翌天正二年一月十一日付で金剛峯寺惣分沙汰所《そうぶんさたしょ》に対し、宇智郡のことについて音信（『高野山文書』）し、宇智郡の平《たいら》三郎左衛門尉（芳知《よしとも》）が前年冬、信長陣営に属したことも伝えており、畠山氏の影響力の強かった、河内、紀伊《きい》、大和にまたがる広範囲で活動していたことが判明する。

多聞山城の在番

天正二年（一五七四）は、穏やかな年始になったが、安閑とした日は長くは続かず、一月十九日、急報が入った。前年、朝倉氏を討伐し、朝倉旧臣に越前支配を任せていたが、旧臣同士の争いに一向一揆も加わり、守護代に任命していた桂田長俊は自害に追い込まれた。専横な振舞のあった長俊を自害に追い込んだ富田長繁《とだながしげ》（朝倉旧臣で桂田長俊と同輩）も一向一揆に攻められて討死し、越前国は「一揆持ち」の国に覆《くつがえ》ってしまった。『尋憲記』一月二十七日条には、反乱軍からは桂田長俊を自害に追い込んだものの信長に対して異心はない旨を通達してきていたが、勝家、佐久間信盛、羽柴秀吉の三人が越前国へ出陣するのは必定との伝聞を書き残している。しかし、実際には、さらなる危機が勃発《ぼっぱつ》し、勝家と信盛の出陣は見送られた。代わって、秀吉が丹羽長秀、不破光治・直光父子、丸毛光兼・兼利父子らの美濃衆や若狭衆とともに敦賀まで進軍したが、一揆勢の南下を食い止めるにとどまった。

さらなる危機とは、本国美濃国に迫った危機である。前年四月、甲斐の武田信玄は病死したが、信玄を継いだ勝頼《かつより》が信玄以上に好戦的な動きを見せ、一月二十七日美濃国岩村《いわむら》へ侵攻し、明智《あけち》城を攻囲したという急報がもたらされた。二月五日、信長・信忠父子は後詰に出馬するが、到着以前に明智城において反逆者が出て落城してしまった。信長は出馬する前日の四日付で信盛に対し、勝頼が出陣してきたのは好機なので退却しないようにし、自ら出馬して討ち果たす、と覚悟を示し、援軍として十六将を派遣したと伝え、信盛には先陣を任せた（『古文書雑纂』）。『信長公記』には記されていないが、勝家も従軍したと思われる。『尋憲記』三月一日条に、二月二十七日付の十市遠長《とおちとおなが》（大和の国衆）の書状が写されており、「信長は岐阜へ帰陣したとのことだが、おそらく勝家は美濃に在陣しているだろう」などと記されている。勝家も明智城の救援に出陣し、信長帰陣のあとも武田方に備えて在陣していたのだろう。

しかし、すぐに美濃国からは引き揚げ、主担当ともいえる畿内に戻ってくる。二月二十九日には大和国へ入国し、三月九日には多聞山城に入城。同城は松永久秀の居城の一つだったが、信長に敵対したことで、城の差出などを条件に助命された。多聞山城は、佐久間信盛、福富秀勝《ふくずみひでかつ》、毛利長秀《ながひで》（秀頼《ひでより》）の三人が接収し、信盛帰国後は、多羅尾光俊《みつとし》、佐久間才四郎を加えた四人が在番した（『尋憲記』）。その後、明智光秀、次いで細川藤孝が、ひと月ほどの間、順番に城番として守備した。

藤孝のあとには勝家が入城。五千人ほどの人数で進駐したという。養子の勝豊や勝定も同行していた。興福寺大乗院《だいじょういん》門跡の尋憲は、勝家が入城する二日前の三月七日には音信を通じており、旧領回復に熱心だった尋憲の政治的な鋭い反応でもあった。尋憲はこのあとも、越前国や伊賀国で信長やその領主と精力的に折衝し、旧領回復に努めることになる。奈良入りした勝家は、三月十日には、奈良中における成敗を堅く禁じた。この日も尋憲は使者を派遣し、勝家への取次は毛受《めんじょう》勝助（勝照《かつてる》）が担当した。勝家からも柴田久介、佐久間八衛門、志水《しみず》某の三人を使者として派遣し、神鹿《しんろく》や猿沢池《さるさわいけ》の魚を保護するとし、違反者を密告した者には、銀子百両を与えると伝えている。

当然ながら興福寺への手厚い保護も保障するなど、奈良の治安維持に努めた（『尋憲記』）。

三月十三日には、桜一折を添えた折箱を贈られたことに対し、過分な気遣いに謝辞を伝えている。また、尋憲との音信の中で、勝家は寺領の安堵も約している。翌十四日、勝家は奈良中の寺社に制札《せいさつ》（立札）を下した。他方、大和国も他国同様に国衆の独立性が強く、こうした背景もあり、国衆の箸尾《はしお》・高田《たかだ》・岡《おか》の各氏らに信長への人質を求めたが、拒否されたようである。これは六年後の粛清への伏線ともなった。

こうした波乱を含みながらも信長は、東大寺《とうだいじ》の名香蘭奢待《らんじゃたい》を切り取るため奈良に下向してくる。勝家は信長の上洛に合わせ、大和の有力国衆十市遠長を伴って上洛、信長と京都で合流し、信長から指示を受けたものと思われる。信長は蘭奢待切り取りの勅許を得た上で三月二十七日、奈良に下向し、多聞山城に入った。勝家は準備のため信長に先行して下向し、二十六日は妙徳院《みょうとくいん》に宿泊予定していたものの予定は変更になった。切り取りの奉行には、勝家のほか、原田直政、菅屋長頼、佐久間信盛、丹羽長秀、蜂屋頼隆、荒木村重をはじめとした武将のほか、武井夕庵、松井友閑らの吏僚衆も動員された。信長は、二十八日に切り取った蘭奢待を多聞山城に運ばせて受け取り、四月一日早朝に帰洛。勝家は引き続き多聞山城の城番として奈良に残っていたが、在番中の四月二十五日付で、光秀、秀吉、藤孝から多聞山城の普請《ふしん》について問い合わせを受けている。多聞山城は京都の信長邸として移築する風聞があったので、前記三人も格上の勝家に対してこうした質問状を発したのだろう。

この年と推測されている七月十四日付保田知宗《やすだともむね》宛の信長印判状写（『後撰芸葉』『古案』）によると、知宗から勝家への書状を見て、畠山秋高が家臣の遊佐信教《ゆさのぶのり》に弑逆されたことに触れ、知宗ら「南方衆《なんぽうしゅう》」が協力して信教を討ち果たす覚悟であることを了承し、状況によっては勝家からも連絡させると伝えている。天正二年（一五七四）に入っても勝家が河内国に影響力を持っていたことが窺える。

長島一向一揆殲滅戦

天正二年九月、信長は第三次の長島攻めによって、長島を拠点とする一向一揆を殲滅したが、勝家は三度とも出陣し、前述のように第一回の長島攻めでは戦傷を負っている因縁の敵でもあった。第二回長島攻めは、天正元年である。将軍義昭を追放し、朝倉・浅井を相次いで滅ぼした勢いで信長は九月二十四日、北伊勢へ出馬した。織田軍の勢いはとどまるところを知らない快進撃を続けていたが、長島攻めはまたも不首尾に終わった。九月二十四日、岐阜城を出馬した信長はその日は大垣《おおがき》で宿泊。翌二十五日は太田に在陣。近江衆は、八風峠《はっぷうとうげ》、甲津畑《こうづはた》越えで二十六日には桑名《くわな》へ着陣した。佐久間信盛、羽柴秀吉、蜂屋頼隆、丹羽長秀の四将は、桑名の西別所《にしべっしょ》に籠城している一揆軍を攻撃し、多数を討ち取った。勝家は、彼ら四人とは別行動をとり、滝川一益とともに、桑名の片岡掃部《かたおかかもん》が籠城する坂井《さかい》城を攻囲し、十月六日には降伏に追い込んだ。さらに両人は、桑名の深谷部《ふかやべ》の近藤《こんどう》某の居城を攻撃し、この時には「かねほり（金掘）」（工兵）を動員して威圧を加えたため、近藤某も降伏した。

『信長公記』によると、信長は北伊勢を制圧し、長島一向一揆の勢いも衰えたため、矢田《やだ》城を補強し、滝川一益を在番として十月二十五日、帰陣した。しかし、信長が帰陣するのを待っていたかのように、長島の一揆衆は信長の帰路を先回りし、地の利を得た場所に待ち伏せし、弓・鉄炮を際限なく打ち込んでゲリラ戦を展開した。十月二十五日は、今の暦では十一月二十九日に相当するが、風雨が激しく、下々の人足などは凍死するほどの難戦となったが、信長自身は無事、翌二十六日、岐阜に帰陣した。

翌天正二年（一五七四）の第三次長島攻めは過去二回の不首尾に鑑《かんが》み、不退転の決意で臨んだ。「急度可被打果《きっとうちはたさるべき》の御存分（すぐに討ち果たすという考え）」であった。七月十三日、岐阜を出馬し、最終的には九月二十九日に決着がついた。じつに二か月半の長期戦となった。今回は陸路と海路で長島を完全包囲した。

陸路は三方向から進軍。信長本軍は中央を進撃し、東方面は嫡男信忠が大将となり一門衆や尾張・美濃衆を従えて侵攻。勝家は、佐久間信盛、稲葉一鉄・貞通父子、蜂屋頼隆らと西方面（香取口《かとりぐち》）を進軍した。『甫庵信長記』などは、その軍勢を三万余騎としている。『蒲生文武記』は信盛と勝家が大将とし、一万余騎としている。蒲生賢秀・賦秀父子は勝家の与力として参陣したようである（『勢州軍記』）。

勝家らの西方面軍は、騎乗して渡河し、松之木《まつのき》（三重県桑名市）の渡りで待ち構えていた一揆軍を一蹴《いっしゅう》する勢いで侵攻した。各方面も同時進軍し、一揆軍を追い詰めた。一揆勢は敗走し、篠橋《しのはし》、大鳥居《おおどりい》、屋長島《やながしま》、中江《なかえ》、長島《ながしま》の五か所に籠城し、徹底抗戦の構えを見せた。

篠橋は、信長庶兄の信広らの一門衆、および氏家直通、安藤守就らの美濃衆、浅井信広らの尾張衆も加わって攻囲した。大鳥居は、勝家、稲葉一鉄父子、蜂屋頼隆が今島《いまじま》に陣取り、川手からも大船で攻撃した。勝家と同じ西方面軍だった佐久間信盛は、近江衆を率いて坂手《さかて》郷で備えを固めた。海上も数百艘《そう》の大船で包囲し、大鉄炮で大鳥居や篠橋を砲撃。両城から降伏を願い出てきたが、これまでの反抗的な態度に報復するため、許容せず包囲戦を続けた。

八月二日には大鳥居の籠城兵が風雨に紛れて逃走しようとしたが、男女千人ほどを切り捨てた。『蒲生文武記』には、勝家や蒲生賢秀父子が追撃し、多数を討ち取ったとある。十二日には篠橋城から信長に忠節を誓うと堅約してきたため、助命して長島城へ追い入れた。長島、屋長島、中江の三城には長島中の人々が籠城したため、過半は餓死した。

九月二十九日に降伏し、長島から退城した。信長は騙し討ちで退城者を鉄炮で撃ち殺した。信長側から見れば、過去に何度も裏切られた経験があり、その報復ともいえた。しかし、その代償は大きかった。「窮鼠《きゅうそ》猫を嚙《か》む」の喩《たと》え通り、騙されたと知った一揆衆は必死になって斬り込んできたため、信長の庶兄信広をはじめ一門衆が多数討死した。残る中江、屋長島の両城に籠城していた二万ほどの男女は、完全包囲されて焼き殺された。信長父子ともに二か月半の間、長島攻めに専念していたわけではなく、岐阜などに一時的に帰国しており、信盛も九月九日には上洛している。勝家も同様に、最終段階の長島殲滅戦には参加していなかった可能性もある。

長篠の戦い

信長の生涯で最大のエポックメーキングな出来事の一つが長篠の戦いでの勝利である。信玄没後の勝頼の好戦的な動きに手を焼いていたが、天正三年（一五七五）五月二十一日の長篠の戦いで武田軍を打ち破ったことで東方からの脅威を弱めることに成功。家督を信忠に譲り、自らは岐阜城から安土城に拠点を移し、新たな段階へと進むことになる。

勝家にも関係するが、長篠の戦い直前の信長の動きを追ってみる。信長は二月二十七日、岐阜を出発し、三月三日、上洛した。しばらく京都に滞在し、今川氏真《いまがわうじざね》（今川義元の後継者）の挨拶を受けたり、蹴鞠《けまり》を見物するなどして過ごした。この時の上洛の目的は、永禄十二年（一五六九）から進めていた禁裏の修理が完了したことを契機に、公家衆救済の徳政《とくせい》を発布するなど対朝廷工作の側面もあったが、その実、大坂本願寺や三好の残党を征伐するのが主目的だったと思われる。

四月六日には京都を出馬し、同八日には畿内の三好勢力として最後まで抵抗していた三好康長《やすなが》が籠城する高屋《たかや》城を攻撃した。信長は駒ヶ谷山《こまがたにやま》(大阪府羽曳野市)に陣し、勝家、佐久間信盛、丹羽長秀、原田直政らは周辺に放火し、麦苗を薙《な》ぎ捨てて圧力を加えた。信長は四月十二日に住吉《すみよし》へ陣替えし、翌十三日には天王寺に進出。本国の尾張・美濃に加え、五畿内、若狭、近江、伊勢、丹後《たんご》、丹波《たんば》、播磨、紀伊の根来衆など総勢十万騎ともいわれる大軍を動員して大坂本願寺を威嚇した。堺の近くの新堀《しんぼり》には十河因幡守《いなばのかみ》、香西《こうざい》越後守が大将として籠城していたが、信長得意の放火作戦で攻略した。恐れをなした三好康長は松井友閑を通じて降伏。康長は長年信長に敵対してきたが、赦免され、その後重用されていく。信長は二十一日に帰京し、二十七日には岐阜へ下向した。

この間、信長は四月二十二日付朱印状で勝家に対し、和泉国の一揆の寺院を破却するように根来寺や松浦氏に命じたが、勝家からも検視を派遣し、容赦せずに実行するよう指示している。この頃の勝家は、大和、河内、和泉などの畿内に加え、地盤となっている近江蒲生郡での領民争いを裁くなど、多方面での活動が確認できる。にもかかわらず、畿内の有力武将と昵懇《じっこん》な関係を結んだ形跡は確認できない。

さて、長篠の戦いそのものは人口に膾炙《かいしゃ》しているので簡略に説明すると、家康単独では対抗できないため、信長が援軍として出馬し、織田軍が武田軍を圧倒した戦いである。勝頼は長篠城を奪還しようと攻囲していたが、短兵急に落城させることができず、そうこうしている間に、信長の援軍が到着し、力攻めで長篠城を攻略するか、いったん、本国の甲斐に引き揚げるかという選択肢があった。ただ、勝頼自身は織田・徳川連合軍に対して脅威を感じず、勝利できると思っていたようである。もっとも信長はそれ以上の自信を持っていた。

　勝家は、長篠の戦いには参陣していなかっただろう。『総見記』『池田家履歴略記』などは参陣したとし、『長篠軍記』『稲葉家譜』『治世元記《ちせいげんき》』などは信長の本陣に詰めていたとしている。『紀伊国物語』でも、信長は左右に「柴田と稲葉一鉄を置給《おきたま》う」とあり、本陣詰めのように記している。『柏崎物語《かしわざきものがたり》』では勝頼軍を撃破後、勝家と秀吉が追撃するよう進言したが、信長は、父信秀の遺言に、勝ち戦の時にさらに追い討ちすることは無用であり、慎むように訓示されていたので追撃しなかった、とある。『岡崎物語』には、勝家と秀吉が二番手として活躍し、七千余の首級を得たとしている。もちろん、信用できない。長篠の戦いには、有力家臣では光秀のほか、勝家も参陣していなかったと思われる。

　ちなみに、勝家本人は従軍していないが、信長が合戦時に騎乗していたのは、勝家が献上した「柴田葦毛《あしげ》」だったという。急いでいる時には、騎乗しやすいように脚を屈《かが》めるという希代の駿馬《しゅんめ》だった。信長は凱旋《がいせん》途上、熱田《あつた》神宮に立ち寄り、明神に感謝し柴田葦毛を奉納したという（『甫庵信長記』）。

第三章　越前時代

1　越前再征

一向一揆討伐戦

天正元年（一五七三）八月、甲斐の武田信玄や大坂本願寺、さらには将軍足利義昭とも連携して長年信長を苦しめてきた越前の朝倉氏を滅亡に追い込み、戦後処理として朝倉旧臣を守護代に据えて越前国を「織田領国」化したのも束の間、四か月余りで信長の支配体制は崩壊した。当初は朝倉旧臣同士の勢力争いだったが、一向一揆を利用したことがかえって一向一揆に火をつけ、一揆勢が猛威を振るうことになった。天正二年一月にはその情報を得ていたが、信長もすぐに越前討伐に向かう余裕がなく、一向一揆勢力の拡大を防ぐのに手一杯だった。

前述のように、天正三年（一五七五）四月、大坂本願寺を攻囲して積極攻勢がとれないように威圧を加え、翌月には武田軍を長篠の戦いで打ち破り、後顧の憂いなく出馬できる態勢を整えた上で、信長は八月十二日、満を持して越前攻めを敢行する。対する一向一揆軍は各地に要塞《ようさい》を構築し、本願寺から派遣された軍事指揮官が大将となって織田軍を迎撃する態勢を固めていた。

八月十五日、暴風雨のなか、越前の牢人衆を先陣として三万余騎が先を争って越前に乱入した。柴田勝家のほか、佐久間信盛、滝川一益、羽柴秀吉、明智光秀、丹羽長秀、簗田広正、細川藤孝、原田直政、蜂屋頼隆、荒木村重、美濃三人衆、磯野員昌、阿閉貞征・貞大父子、不破光治・直光父子、武藤舜秀《むとうきよひで》ら、ほぼ全軍ともいえる軍勢を動員した。海上は、若狭の粟屋勝久《あわやかつひさ》、逸見昌経《へんみまさつね》、内藤筑前守《ないとうちくぜんのかみ》（重政《しげまさ》）、熊谷《くまがい》伝左衛門（直之《なおゆき》）、山県秀政《やまがたひでまさ》ら、および丹後の一色氏らが数百艘の船団を擁して津々浦々を攻撃した。

信長は八月十六日には敦賀を発ち、馬廻衆など二万余騎を率いて府中入りした。『信長公記』を見ると、大将の一人下間頼照《しもつまらいしょう》を討ち取ったのは朝倉景健のように記述しているが、実際に討ち取ったのは、信長に協力した真宗高田《たかだ》派寺院の称名寺《しょうみょうじ》である。のちに勝家は十月十八日付で称名寺に対し、下間頼照を討ち取った忠節を賞し、門徒・帰参人も別儀はないと保障し、柴田勝定が副状《そえじょう》を出している（『称名寺所蔵文書』）。

勝家は、八月十八日、丹羽長秀、織田信澄とともに、鳥羽《とば》城を攻略し、五、六百人を討ち取った。金森長近と原政茂《はらまさしげ》は郡上《ぐじょう》を経て、根尾《ねお》、徳山《とくやま》から大野郡へ侵攻し、数か所の小城を攻略した。諸口から乱入して各地に放火したことで、一揆衆は慌てふためき、山中へ逃亡。信長は軍勢を四手に分けて、越前はもとより加賀まで限なく山林を捜索して男女の区別なく斬り捨てるように命じた。山狩りである。二度と蜂起しないように徹底した（『古文書纂』）。八月二十三日、信長は一乗谷へ入り、秀吉と光秀に加え、稲葉一鉄・彦六父子、細川藤孝、簗田広正らは加賀国まで侵攻した。能美《のみ》・江沼《えぬま》の二郡を平定し、檜屋《ひのや》城、大聖寺《だいしょうじ》城を構築し、簗田広正、佐々長穐《さっさながあき》、および広正の与力島一正《しまかずまさ》、朝倉旧臣で加賀にも縁のある堀江景忠《ほりえかげただ》を在番させた。

信長は八月二十八日には豊原《とよはら》へ陣を移した。九月二日には豊原から北庄に本陣を移し、越前の国割《くにわり》を行う。越前支配の拠点については朝倉氏の一乗谷ではなく、織田軍の新たな拠点として北庄城の築城を命じ、勝家に越前国のうち八郡を与え、越前の支配を委《ゆだ》ねた。大野郡は三分の二を金森長近に、残り三分の一を原政茂に与えた。府中にも拠点を構築し、不破直光、佐々成政、前田利家の三人に二郡を与えた。「府中三人衆」と呼ばれる所以《ゆえん》である。府中三人衆に長近と政茂を合わせた五人は勝家の与力となり、「越前衆」と呼ばれる。日根野《ひねの》弘就《ひろなり》・盛就《もりなり》兄弟も越前衆だったが、のちに信長の馬廻に転じた。敦賀郡は、越前国のうちだが、特殊な位置づけであり、朝倉時代も郡司を配置していたが、改めて武藤舜秀に任せた。舜秀は勝家に所属せず、むしろ畿内方面で活躍することになる。また、加賀国は未征服ながら簗田広正に与えられたという。

　勝家は前述のように長篠の戦いには従軍しなかったようだが、来《きた》るべき越前再征に向けて主力軍として侵攻するように信長から内示のようなものがあったと推量される。当然ながら信長は越前平定後の支配体制の青写真を構想していただろう。一次史料では確認できないが、『朝倉家録』『朝倉始末記』などには、越前侵攻に向けて勝家は、他の武将の軍勢とは別に、手勢だけで一合戦する意気込みで出陣したとし、その軍勢は「子息宮内少輔（勝政）・同伊賀守（勝豊）・同監物丞（義宣）・佐久間《さくま》玄蕃助《げんばのすけ》（盛政）・同帯刀左衛門尉・豊島（久兵衛尉）・吉田《よしだ》（善四郎保勝《やすかつ》）・近藤右近・杉江《すぎえ》彦四郎・徳山《とこのやま》五兵衛尉（秀現《ひであき》）・同吉右衛門尉・井上《いのうえ》久八郎・同清八・毛受《めんじょう》勝助・中村《なかむら》与左衛門尉（義高《よしたか》）、足軽大将には拝江《はいがい》五助（五左衛門家嘉《いえよし》）、一瀬《いちのせ》新左衛門尉、安井《やすい》左近（家清《いえきよ》）以下一万三千余騎」を率いて進軍したとしている。軍勢は一万二千騎ともいわれる。

　信長の越前再征に合わせて荘園回復に並々ならぬ意欲を示したのが、勝家とも交流のあった興福寺大乗院の尋憲である。興福寺領の河口庄《かわぐちのしょう》・坪江庄《つぼえのしょう》（福井県あわら市、坂井市）の荘園を回復すべく、門跡自らが遠路はるばる越前まで足を運んだ。その時の出来事を記した日

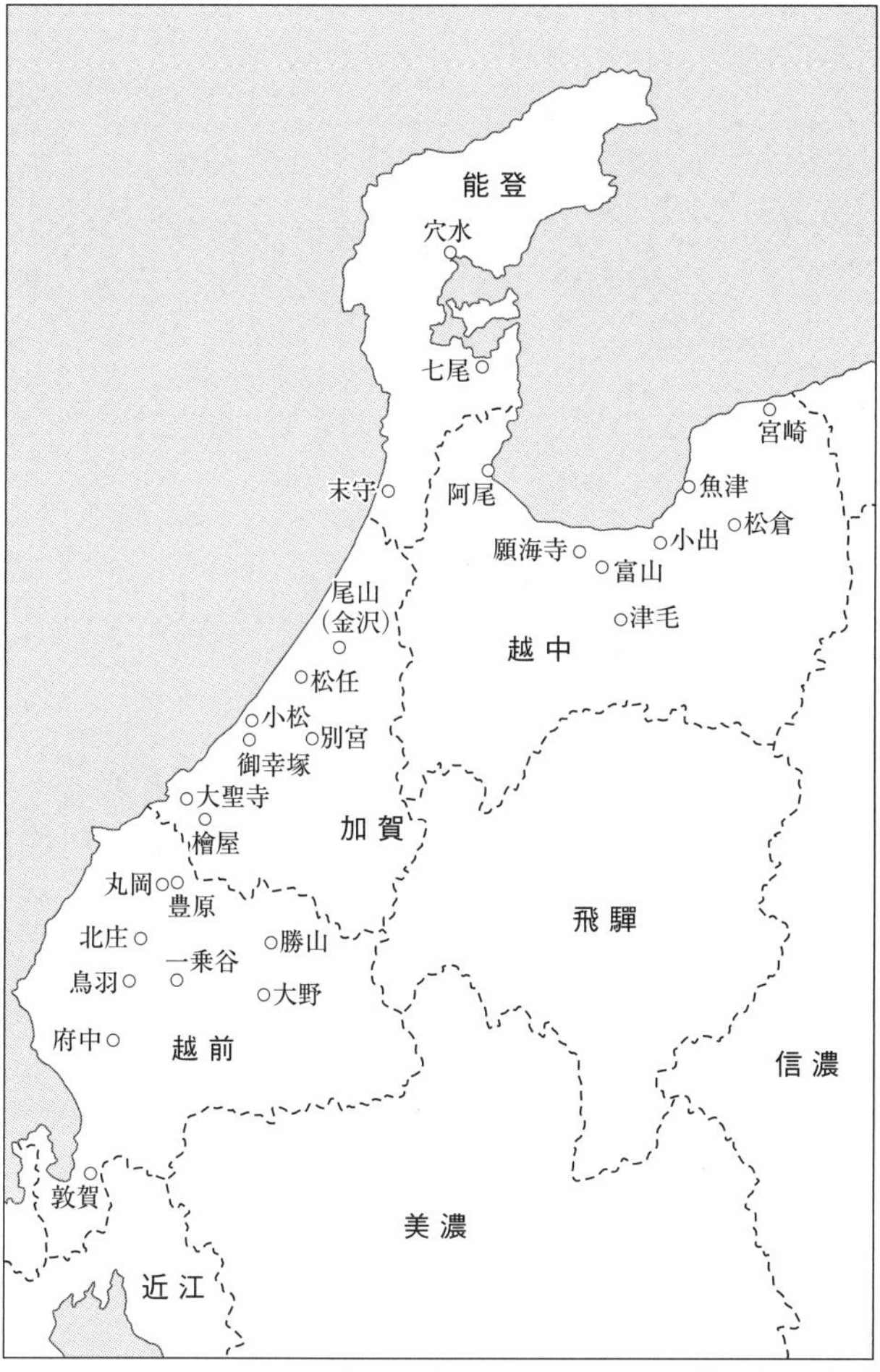
能登
穴水
七尾
宮崎
末守
阿尾
魚津
松倉
小出
願海寺
富山
尾山
(金沢)
津毛
越中
松任
小松
別宮
御幸塚
大聖寺
檜屋
加賀
丸岡
豊原
飛驒
北庄
勝山
一乗谷
鳥羽
大野
府中
越前
信濃
敦賀
美濃
近江

記『越前国相越記』（『尋憲記』）が遺《のこ》されており、織田軍の様子にも触れている貴重な記録である。尋憲は、両庄の還付に向け、前年から動き始めていたが、今回は信長本人はもとより、原田直政や魚住隼人正《うおずみはやとのかみ》らの側近、さらには越前を拝領した勝家にも運動したが、空振りに終わった。しかし、粘り強い尋憲は諦めず、のちに勝家の尽力を得ることに成功している。

同日記の最終日となる九月十一日条には、「柴田伊賀守柴田修理子也、豊原の城をこの伊賀に信長より相渡す」とあり、伊賀守勝豊が勝家の子であり、信長から勝豊に豊原城を引き渡したことが判明する。尋憲は豊原にも大乗院領があったことから勝豊にも音信し、院領の回復を依頼している。

越前国を拝領

越前国は「大国」。勝家は越前国の八郡を拝領した。ただし、信長の認識では「預け置く」であり、支配を委任したという考えである。八郡は、坂北《さかきた》・坂南《さかみなみ》・吉田《よしだ》・足羽北《あすわきた》・足《あす》羽南《わみなみ》・丹生北《にゅうきた》・今北西《いまきたにし》・今北東《いまきたひがし》の各郡という（『新修坂井町誌』通史編）。勝家に越前を任せた理由は史料からは窺えないが、この時期、越前のような難治の国を任せられる信長の家臣としては佐久間信盛か柴田勝家の二人に絞られる。羽柴秀吉、滝川一益、明智光秀らでは心許ない。信盛ではなく勝家を抜擢したのは、勝家の武勇はもちろんだが、勝家への信頼であろう。信盛は二年前の越前侵攻作戦の時には、自らの失態を責められながらも、それに口答えするほどの諫臣《かんしん》でもあった。若い時の信長を終始一貫して支えてきたという自負がそうした諫言につながったのだろうが、信長の掣肘《せいちゅう》が利かない存在になる恐れもあった。勝家の場合は、信長に敵対した負い目があり、信長の命令を絶対として遂行していく忠臣という点が評価されたのだろう。

信長は勝家に越前国（八郡）を与えたが、その時の掟書《おきてがき》が伝わっている。『信長公記』などに写されているが、多少の異同がある。かつては疑問視される向きもあったが、良質な写《うつし》（『寄合物入』）も確認され、真正のものと評価されている（佐藤圭「建部賢文書写「越前国掟」について」）。

九か条から成る長文であるため、各条を要約する。天正三年（一五七五）九月日付である。

①越前国内に不法な課役をかけるな。ただし、特別な場合は信長に相談せよ。
②国衆を自分勝手に扱うな。しかし、逆に甘やかせてもならない。要害を堅固にし、所領も厳正に与えよ。
③裁判は公正にし、依《え》怙《こ》贔《ひい》屓《き》があってはならない。解決しない時は信長に相談せよ。
④京都の公家などの所領は、乱以前まで実効支配していたのなら返還せよ。

⑤信長の領国内は関所を廃止しているので越前国内も廃止せよ。
⑥越前という大国を預けるが、油断せず、すべてに注意することが必要である。とくに軍事面を強化せよ。遊興なども禁止である。
⑦鷹狩《たかがり》は禁止である。ただし、城郭地の選定のためなら許可する。
⑧家臣に忠節を励ませるための恩賞地を確保しておくこと。

最後の九か条目は象徴的な文言もあるため、読み下しで全文を掲げる（読みやすさの便を図り適宜修正した）。

事新しき子細候といえども、何事においても信長申す次第に覚悟肝要候、さ候とて無理・非法の儀を心に思いながら巧言申し出すべからず候、その段も何とぞ構いこれあらば、理に及ぶべし、聞き届け、それに従うべく候、とにもかくにも我々を崇敬して、影後ろにても徒《あだ》に思うべからず、我々ある方へは足をも指さざるように心持ち肝要候、その分に候えば、侍の冥加《みょうが》ありて長久たるべく候、分別専要のこと。

最後の九か条目を見ると、信長の家臣に対する絶対性が垣間見える。信長も絶対ではなかったと、ことさらに強調する説もあるが、大身の勝家に対する文言としては、他の戦国大名ではあまり見かけないものではなかろうか。のちに触れるが、越前の領国支配において、信長の掟書を几帳面《きちょうめん》に守っていては実効支配が覚束《おぼつか》なくなるのは当然である。勝家の支配が信長の上位権力を否定するように見える場面もあるが、基本的には信長が上位権力者であることに変わりはない。

同じく天正三年（一五七五）九月日付で勝家の与力とされた、不破光治（領国支配は嫡男直光だが、目付の役割は光治）・佐々成政・前田利家（府中三人衆）宛の朱印状も確認してみよう。短文なので全文読み下しにする。

越前国の儀、多分、柴田覚悟せしめ候、両三人をば柴田目付として、両郡申し付け置くの条、善悪の趣きを私曲なく申し越すべく候、また両三人覚悟の善悪をば柴田方より告げ越すべく候、互いに磨き合い候ように分別専一候、用捨《ようしゃ》においては曲事《くせごと》たるべき者也。

彼ら三人は勝家の与力として付属されることになる。勝家にとっては軍事的にも頼もしい与力衆である。三人とも信長の本国ともいえる尾張・美濃出身であり、とくに成政と利家は勝家にとっては尾張時代からの旧知である。三人ともに信長の直臣であり、勝家の直臣ではない。後年、勝家は秀吉に後れをとったが、この三人の与力らを完全に掌握しきれていなかったことも大きい。概して秀吉の配下の武将は小粒だが、勝家の与力は「強者《つわもの》」揃《ぞろ》いである。かてて加えて、秀吉が敵対していた毛利輝元《もうりてるもと》は優柔不断な三代目という印象だが、勝家が対峙《たいじ》していた上杉景勝《うえすぎかげかつ》は、御館《おたて》の乱（謙信没後の後継争い。一二三頁参照）で勝利し、織田軍に対しては徹底抗戦の構えを見せる壮烈な武将だったことも、勝家にとっては不運だった。また、一向一揆の勢力が根強かった地域というのも不利に働いた。さらには、冬場に身動きが取れない北陸というハンディもあった。詳しくは後述しよう。

2　家臣団

一門衆

一門衆については、第一章で触れたが、再度確認しておこう。信憑性の低い軍記物や系図類は極力避け、まずは一族の柴田、縁戚の佐久間といった名字などから推測する。

有力な一門衆としては、数人の養子が確認できる。最も早くから登場する一人が柴田伊賀守勝豊である。これは各種史料から確認できる。前述した元亀四年（一五七三）の下京からの礼銭の出納帳（『下京中出入之帳』）に記載される「おいかさま」は勝豊のことだと思われる。

次が柴田辰千代勝政である。のちに宮内少輔を名乗る。養子か実子かは確認できないが、勝家とは父子関係である（一〇頁参照）。勝豊と同様に柴田家中でも高い地位にあった。とくに天正二年（一五七四）十月二十九日付で誉田八幡《こんだはちまん》社家中に宛てた連署状（禁制《きんぜい》）では、丹羽長秀、原田直政、蜂屋頼隆、羽柴秀吉、明智光秀、佐久間信盛、細川藤孝らの錚々《そうそう》たる顔ぶれと一緒に署名している。この時期、勝家は罹病していたと思われ、その代理としての役割だろう。『真珠庵文書《しんじゅあんもんじょ》』中の（年次未詳）八月日付の真珠庵申状《もうしじょう》案には、勝家は宇坂三万谷福松《うさかさんまんだにふくまつ》（福井市）の深岳寺《しんがくじ》に二十石を寄進していたが、勝家を引き継いだ勝政も十五石を寄進したとあり、勝家から深岳寺周辺の在所を引き継いでいたことが判明する。また、これも年次不詳だが、十一月二十四日付で水落神明社《みずおちしんめいしゃ》神主（福井県鯖江市）に対し、神木などの伐採を禁じている（『瓜生守邦家文書』）。（天正五年）閏七月二十日付で信長の側近菅屋長行《ながゆき》（長頼）は、柴田修理亮（勝家）・同宮内少輔（勝政）の二人に対し、信長の意向として織田《おた》剣《つるぎ》神社へ配慮するように要請。翌天正六年八月二日付の織田寺宛の下枝政次《しもえだまさつぐ》書状には、「勝政」と「御父子様」の文言が見えており、勝家と勝政（宮内少輔）は父子関係とみなして差し支えないだろう（『勝山市史』二、井口友治「柴田勝家後嗣・柴田宮内少輔の実在」）。この時点で勝豊の地位が相対的に低くなったことが推量される。

次いで佐久間理介勝政である。元亀四年（一五七三）六月十二日付で永田景弘らに宛てた連署状（『島村沖島共有文書』）で柴田勝定と連署している「佐久間理介勝政」が確認できる。同時期の『下京中出入之帳』（前出）の元亀四年六月十八日条に見える「柴田理介」とおそらくは同一人物だろう。柴田理介は柴田勝定と同額であり、連署していることと合わせて、釣り合いが取れている。理介勝政がのちに玄蕃助（玄蕃允）盛政に改名した可能性がある。その後、これを裏付けるように、佐久間理介勝政は良質な史料では確認できなくなる。

佐久間盛政は、鬼玄蕃の異名でも知られる猛将である。勝家の甥（母が勝家の姉か妹）というのは信じてもよさそうである。甥ではあるが、勝家の直臣でなく、信長の直臣であり、勝家の与力の位置づけである。もっとも、のちに与力となった佐々成政、前田利家、不破光治・直光父子に比べると、姻戚ということもあり、勝家への密着度は強い。正室は、一族の奥山貞勝《おくのやまさだかつ》の娘とも佐久間盛重の娘ともいわれる。また、勝家の与力となった徳山秀現《とこのやまひであき》の娘とする史料もある（『厚見各務雑記《あつみかかみざっき》』）。生年ははっきりしないが、没年齢三十歳説を採用すれば、天文二十三年（一五五四）生まれになる。その活躍は比較的早くから確認できる。一次史料ではないが、元亀二年（一五七一）九月、比叡山焼き討ちの直前、近江金森《かねがもり》の一揆衆を攻撃した時、武功を挙げたようである。確実な史料では、天正四年（一五七六）五月二十二日付で勝家は高田専修寺《せんじゅじ》に対し、大坂本願寺と「格別」の間柄であることを承知しているとし、翌二十三日付で盛政が副状を発給し、忠節を尽くすよう求めている（『法雲寺《ほううんじ》文書』）。『前田大納言《だいなごん》利家公記』によると、勝家から加賀国の石川《いしかわ》・河北《かほく》の二郡を拝領したとあるが、勝家に二郡に及ぶ知行宛行権《あてがい》があったとは思えないので、事実としても信長から直接拝領したであろう。『加藤家系』には、信長から加賀を賜ったとしている。

三左衛門勝政と混同された柴田三左衛門尉勝安は、一次史料でも確認できる実在の人物である。三左衛門で記載されている人物は勝安であり、盛政の弟であろう。勝家が越前に封じられてから良質な史料に登場し、一門衆として軍事はもちろん、奉行職もこなしている。

のちに勝家から離れて明智光秀に転仕した柴田源左衛門尉勝定（安定《やすさだ》）も一門衆として史料に登場する。元亀四年（一五七三）六月十二日付で佐久間理介勝政と連署（「柴田源左衛門尉勝定」）し、同月の『下京中出入之帳』にも勝家配下の武将として「柴田源左衛門尉」と記載されている。天正二年（一五七四）、勝家が多聞山城で在番している時にも同行し、越前国でも活躍した。

天正五年十一月に討死したといわれる柴田監物義宣は盛政の弟とし、討死後は養子の柴田三左衛門尉勝安が後継になったともいわれるが、確実な史料で義宣は確認できない。

天正九年七月十三日付で御用商人の橘屋《たちばなや》三郎左衛門尉に対し、信長の朱印状や勝家の安堵状を受けて軽物座《かるものざ》（絹織物を扱う商人集団）・唐人座《とうじんざ》（中国・朝鮮からの輸入品を販売する商人集団）について安堵している柴田勝全は、堀家に仕えた「源左衛門勝全」と混同されることがあるが、花押も異なり、別人と思われる。

直臣衆

勝家の家臣と思われる人物は軍記物などから百人以上確認できるが、いわゆる一次史料に登場する家臣はそれほど多くない。『柴田勝家公始末記』には勝家の家臣について石高まで含めて詳しく記している。左の表（石高表記の家臣のみ）の通りである。実在が確認できる人物もいるが、不明な人物もいる。石高なども含め、あくまで参考程度の史料である。

比較的信頼性の高い『武家事紀』には、柴田源左衛門は陣場の奉行と軍の奉行を勤めるとある。毛受《めんじょう》庄介（勝助）、同義左衛門のほか、原彦二郎（政茂）、安井左近、拝郷五左衛門（家嘉）、徳山五兵衛は先手を勤め、一日替わりで先鋒となって軍事をなしたとある。また、青木《あおき》勘七郎、宿屋《やどや》七左衛門、水野助三、同次右衛門、安彦弥左衛門、原勘兵衛、長井五郎右衛門、鷲見《すみ》源二郎、鷲津《わしづ》九蔵、毛屋《けや》新内、小原《こはら》新七を載せる。関《せき》小番、徳永石見守《とくながいわみのかみ》、小川土佐守、山路《やまじ》将監、大鐘《おおがね》藤八、神屋《かみや》十兵衛は勝豊の家臣という。吉田次兵衛は勝豊の養父としている。

両史料に共通の人物（名前の似通った人物含む）もいれば、そうでない人物も記載されている。やはり参考程度だが、実在を否定するほどでもない。『武功雑記』には、留守居の人名が記されており、徳庵《とくあん》が万事を差配したとある。『松平記』には、佐久間盛政、柴田勝安、拝郷家嘉、柴田勝定、毛受家照《いえてる》を載せる。『政春《まさはる》古《こ》兵談《へいだん》』などには、丸岡《まるおか》城に柴田勝豊、大《おお》野《の》城に柴田勝安、勝山《かつやま》城に原政茂、御幸塚《ごこうづか》城に徳山秀現、千代《せんだい》城に拝郷家嘉、寺井の三道山《さんどうやま》城に安井左近、別宮《べっく》城に吉原《よしはら》次郎兵衛、金沢《かなざわ》城に佐久間盛政をそれぞれ配したとしている。

一次史料で確認できる人物もいる。『尋憲記』には、勝家の使者として柴田久介、佐久間八衛門（八右衛門）、志水某が見える。柴田久介は、天正四年（一五七六）と推測されている一月十一日付で徳山秀現と連署している柴田久助信家《のぶいえ》と同一人物だろう（『誠照寺《じょうしょうじ》文書』）。勝家の側近としての役割である。

三万石	東郷城主	安井左近太夫家清
一万石	安居城主	柴田源左衛門尉勝定
一万石	近習	毛受勝助勝輝
二千石		上村六左衛門
千二百石	舟橋奉行	下条勘七
千石	舟橋奉行	福岡七左衛門

このほか、嶋弥左衛門（島一正のことであろう）、浅水《あさみ》牛介（年貢徴収の役人）、大原《おおはら》忠菅、平井《ひらい》伊賀守、興津《おきつ》和尭《かずたか》、上坂秀政《ひでまさ》、日比《ひび》（日比野）秀忠《ひでただ》、日比野三郎右衛門尉、加藤景利、菊池《きくち》右衛門入道、木戸《きど》金左衛門尉、新開《しびらき》一衛門尉、鶴見《つるみ》与右衛門尉、斎藤安政《さいとうやすまさ》、水野久家《みずのひさいえ》、中村聞下斎《ぶんかさい》宗教、下枝政次、山田家次《やまだいえつぐ》、野村家定《のむらいえさだ》、多喜秀勝《たきひでかつ》、徳庵、豊

嶋九兵衛尉、堀田《ほった》之次、山中長俊《やまなかながとし》、吉田保勝、伏屋《ふせや》伝七、吉田五右衛門尉、小野《おの》彦介、山田弥左衛門尉らが確認できる。

このなかで、山田家次、野村家定のように、諱の上の字に「家」が付く人物は、勝家からの偏諱と考えて差し支えないだろう。一次史料に現れるのは、基本的にはやはり奉行衆や側近、または部将クラスに限られる。足軽大将として知られる拝郷五左衛門(「拝郷」は「拝江」の誤読で、「はいがい」だろう)は一次史料では確認できないようである。近江衆では、大西《おおにし》氏、杉立氏らが勝家に仕えたというが、詳細は不明である。

家中の不和

勝家は、賤ヶ岳で秀吉に敗れるが、その理由の一つに家中の不和があったのではなかろうか。秀吉軍団と比べると与力の分限が大きい。文字通り「一国一城の主」クラスが与力として従属していた。分限が大きいのはもちろんだが、勝家とは朋輩《ほうばい》という意識が秀吉の与力よりも強かったのではなかろうか。信長は、いわゆる「方面軍」という軍団を発足させたが、勝家軍団のように大物の与力を抱えていた軍団は見当たらない。大物の与力衆は勝家と団結すれば頼もしい味方だが、まとまりがなくなれば統制が取れなくなり、家中が分裂する恐れすらあった。

不和の要因として、勝家軍団の序列がはっきりしていなかったのも影響していたのではなかろうか。養子の勝豊と勝政の二人の序列もはっきりしない。

柴田家中から出奔した大物もいる。一人は柴田源左衛門尉勝定である。勝家の家臣として元亀年間（一五七〇〜七三）から活躍が確認できる。勝家の越前移封後も奉行などの職務をこなし、北庄城代だったともいう。室は明智《あけち》秀満《ひでみつ》の妹、斎藤利三《としみつ》の息女（春日局《かすがのつぼね》の姉）、稲葉一族の野木《のぎ》治左衛門の次女など諸説ある。明智家中にゆかりがあったのであろう。天正七年（一五七九）、越前の安居《あご》から雪深い越中の木舟《きぶね》へ転封を命じられたのを拒否したため改易となったというが、そのままには信用できない。妻子を伴い百余騎で近江坂本へ赴き、光秀に転仕したという。勝家の重臣であり、織田家中では問題視されるはずだが、光秀は稲葉一鉄の与力だった斎藤利三を明智家中に招いており、勝定も同様な経緯だったのかもしれない。天正八年と推測されている（小泉義博『越前一向衆の研究』）五月十二日付の称名寺宛の勝定の書状（『称名寺文書』）があり、勝家の家臣としての文言が見える。出奔した時期ははっきりしないが、山崎の戦いでは光秀軍として参陣しており、勝家にとっては手痛い離反であった。

具体的な不和としては、養子の勝豊と、甥の佐久間盛政の不仲である。勝豊は勝家の後継者として、当初は家中のナンバー2だったはずだが、勝家の盛政への信頼度が高まり、さらに勝家の実子（権六）が成長したことなどで、勝家から疎外されたようである。勝家は最後まで勝豊を信頼していたが、清須会議後、勝家が唯一獲得した長浜城を勝豊に任せたものの、秀吉の攻撃を受けてあっさり降伏してしまった。死病に冒されていたこともあり、勝家を離れて秀吉陣営についた。賤ヶ岳の戦いの直前にはすでに重篤な状態に陥っており、決戦前の四月十六日（異説あり）、京都で病没した。賤ヶ岳では、秀吉軍の第二陣として配置され、勝豊に代わって家臣が堂木山《どうぎやま》砦を守備したが、内応を疑われた。『亀田大隅守一世之内働之覚書《かめだおおすみのかみいっせいのうちはたらきのおぼえがき》』などには、勝家が越前に入国した時、一揆が蜂起し、盛政に先陣を命じたが、勝豊も対抗心を燃やして先陣を望んだという逸話が載っている。『武家事紀』にも、毎年元旦《がんたん》の祝いの席で勝家は初献の盃《さかずき》を勝豊に差していて、天正十年（一五八二）の元旦には盛政に初献の盃を与えようとしたが、勝豊が初献は例年の通りと言って座を立って土器《かわらけ》（素焼きの盃）を取り、悠然と飲み干して退出したという場面が描かれている。もちろんそのままには信用できないが、対抗心を燃やしたということはあり得るだろう。

勝家自身も佐々成政と揉めたことがあった。天正十年富山《とやま》城を包囲している時、三月二十四日付で利家が留守居の兄安勝《やすかつ》に宛てた書状の追伸部分に記されている。降伏を申し出ている籠城衆の取り扱いについて、勝家と成政の見解が異なり、紛糾したようである。籠城衆の疑心を解くために、勝家の従弟と成政の甥が人質として城内に入ったという史料（『管窺武《かんきぶ》鑑《かん》』『北越家書』）があり、これが口論の要因になったという見方もある。そのままには信用できないが、成政の関係者が城中の者に討ち果たされるという不慮の事態が起こっているので、作戦をめぐっての諍《いさか》いだったのだろう。幸い、利家の仲裁で収まったという。戦時下であり、気が立っている者同士であれば、こうした諍いは起こるものだろうが、成政も勝家の命に唯々諾々と従うような武将ではなかった。秀吉は後年、「陸奥守《むつのかみ》（成政）、信長御時、武者の覚《おぼえ》、戒力《かいりき》がましきと人の申しなし、殿下（秀吉）にも見及ばせられ」（『榊原家所蔵文書』）、肥後《ひご》一国を与えたという。成政は信長時代には武辺者といわれ、秀吉もそのように評価していたほどである。秀吉に敵対したが、その武功を賞して抜擢された。ただし、のちに触れるが、成政も利家も自らの領国の守備を優先し、信長の弔い合戦には出陣しなかった。秀吉とは大違いである。

また、『北陸七国志』には、越中国魚津《うおづ》城をめぐる攻防の時、佐久間盛政が先陣を希望したところ、日頃から盛政と仲の悪い佐々成政は、越中国の「守護」である自分が先陣をすると異議を唱え、それぞれ屁理屈《へりくつ》をこねて言い争いになった。利家が仲裁に入り、双方が先陣ということに落着した逸話が記されている。その利家も佐久間盛政とは仲が悪かったという。軍記物などの記述なのでそのままには信用できないが、とかく勝家家中には不協和音があったように思える。

3　越前国の領国経営

北庄城

柴田勝家が越前支配の拠点としたのが北庄城である。城下町として整備し、現在の福井市街地の土台となり、福井の原点ともなった。本願寺も北庄の立地的な重要性を認識し、越前支配の拠点として北庄に「御堂《みどう》」の建設を計画していた（『勝授寺文書《しょうじゅじ》』）ほどである。北庄の「北」は逃げるに通じることから、のちに福居《ふくい》、福井と改められた。

勝家以前には、南北朝期に朝倉一族の支城が築かれていたというが、詳細は不詳である。『越前国古城跡幷《ならびに》館屋敷蹟《あと》』などによると、北庄城は足羽《あすわ》七城の一つとして築城され、朝倉一族の朝倉土佐守景行《かげゆき》が守備していたという。『武家事紀』も朝倉土佐守の居城としている。一乗谷城の西方の防御拠点として機能したと思われる。天正元年（一五七三）八月、朝倉氏の滅亡後には、織田家の三奉行（津田元嘉《つだもとよし》、木下祐久《きのしたすけひさ》、三沢秀次《みぞうひでつぐ》）が入った。

『信長公記』によると、天正三年（一五七五）越前平定後、九月二日、信長は豊原から北庄まで出向き、北庄城の築城を命じている。勝家が築城した北庄城については、関ヶ原《せきがはら》の戦い後の慶長《けいちょう》六年（一六〇一）、同地に結城秀康《ゆうきひでやす》（徳川家康の次男）が北庄城（のちの福井城）の築城を開始したため、現在に残る遺構はなく、文献上の存在、「幻の城」として扱われてきたが、近年の発掘調査によって、実在したことが確認されている（『福井城跡』などの発掘調査報告書）。また、安土城と同様に、石垣、瓦《かわら》、礎石建物の要素を持っていた。ただ、瓦については、冬季には凍《い》てついて割れてしまうことから、笏谷石《しゃくだにいし》（越前産の凝灰岩）による石瓦を導入していたという（中井均『信長と家臣団の城』）。『越藩拾遺録《えっぱんしゅういろく》』には、「今の鳩《はと》の御門《もん》南の升形《ますがた》の所杉浦某屋布《やしき》古《いにしえ》の天守の跡なり。古昔《こせき》は奇怪のことも有りしに、いつの頃かこの屋布の主人、勝家の霊魂を祭りて小祠《しょうし》を建て、毎年祭りをなす」とあり、この小さな社《やしろ》が柴田神社の前身となり、天守台の跡と伝承されてきた（『福井市史』通史編一）。

『福井県埋蔵文化財調査報告』によると、勝家の北庄城に伴う遺構がまとまった形で見つかっている。道路・門・石垣等が検出され、当時の町割りを復元する大きな手掛かりを得ている。北庄は中世以来の町として、十五世紀後半の文献に現れる。「足羽川と北陸道が交わる水陸交通の結節点であるとともに、足羽川北岸の足羽庄と南岸の社庄《やしろのしょう》・木田庄《きだのしょう》といった異なる支配領域の境界に位置し、物資の交易にとって恰好《かっこう》の場所」という。天正三年（一五七五）に勝家は本拠を一乗谷から北庄に移し、北庄城の建造に取りかかり、これと並行して一乗谷から商人や職人を移させ、北庄城とその城下を軍事・経済面での越前国の中心として、その繁栄を志向した。

北庄城の本丸は、現在の柴田公園、柴田神社の一帯と推測されていたが、実際に勝家時代の石垣が確認され、石垣の背後に詰められた石の中には石瓦が混じっており、勝家による初期の北庄城に使用された瓦であると推測されている。これらの中には瓦当《がとう》(瓦の先端部)の三つ巴紋《みつどもえもん》に黒漆《くろうるし》を塗ったものがあり、あるいは金箔《きんぱく》を貼《は》った痕跡《こんせき》であることが考えられるという。ただ、わずかな金箔を貼るよりも笏谷石特有の淡い緑青色である石瓦の瓦当には黒い三つ巴紋が並ぶ方がひときわ映える、という指摘もある(『福井県埋蔵文化財調査報告』)。

発掘調査で存在そのものは確認されたものの、具体的な景観は判然としない。北庄城を落城させた羽柴秀吉の書状や、実際に越前まで赴いた宣教師の記録などには比較的詳しい記述がある。もちろん、誇張や誤解が含まれている可能性もある。

まずは秀吉の書状に断片的に記されている情報を確認してみよう。北庄城落城の翌日(四月二十五日)付の羽柴八郎(宇喜多秀家《うきたひでいえ》)宛書状には「天主《ママ》土井際《どいぎわ》まで責め込み候」とあり、天守(城郭の中枢部の櫓《やぐら》)はもちろん、土居(土塁)の存在も判明する。四月二十七日付の毛利輝元宛書状には「本城取り巻き候、数年拵《こしら》え置く要害に候といえども、即時乗り崩し候について、天守へ取り上り」とある。本城の中に天守を備えていたことが分かる。さらに詳しく記しているのが、五月十五日付の小早川隆景《こばやかわたかかげ》宛書状である。十八か条に及ぶ長文で、九条目の記事には、「城中に石蔵を高く築き、天主《ママ》を九重に上げ候」とある。石垣と礎石建物の存在が確認できる。誇張もあろうが、安土城に迫るほどのものであったということはいえるのだろう。

当時来日中の宣教師、ルイス・フロイスは天正九年（一五八一）に信長の許可を得て越前へ赴き、勝家を訪問して北庄城を実見し、その時のことを書簡に認《したた》めている。一五八一年五月十九日（天正九年四月十七日）付と、一五八一年五月二十九日（天正九年四月二十七日）付の書簡から越前国や勝家に関連するところを拾ってみよう。

フロイスは越前国での布教の足掛かりとして、勝家のもとに身を寄せていた高山飛騨守《たかやまひだのかみ》（高山右近の父）を訪ねたが、その飛騨守から越前国の情報として、「人々は秀《すぐ》れて教養高く、当地には地元の者であれ外来の者であれ、高貴な人が多数住んでいるとのことであった。土地には米が豊かに実り、都よりも値が安く薪《まき》が豊富にあって海と淡水の魚が沢山採れるが、（冬期には）雪が多く鳥や獣が住めぬ土地になるので肉などは少ない。空気は健康に適し水も良く、土地はたいそう広く青々としている」と簡潔に伝えている。

勝家については「職務、身分、家臣（の数）、栄華、封禄《ほうろく》においては当国の国主にも等しい人である」「彼は越前国の半分乃至《ないし》はそれ以上、並びに征服した加賀国全土の国主のような人であるゆえ、当地では手柄、身分及び家臣については信長にも等しく人々は彼を上様《うえさま》、その息子を殿様と呼んでいる」とし、勝家の宗旨は禅宗だが、他の宗旨を憎まず、越前でキリスト教が広まることを大いに喜ぶであろうと記している。また、加賀に南蛮船が来ることを望んでいるという情報も伝えている。

北庄城については「この城は大変立派なもので大工事が行なわれているところであったが、歩みながら見て私がもっとも喜んだのは城並びに他の多数の家々の（屋根）瓦であった。それらの瓦はことごとく立派な石で作られ、その色により城にいっそうの輝きを添えている」と記している。天正三年（一五七五）に工事を開始していたが、同九年になっても大規模な工事が続いていたことが分かり、北庄城の大規模な城郭が想像できよう。また、北庄大橋は、近江の「瀬田橋の二倍の長さであるように思われた」とし、町の広さは「安土のおよそ二倍」という情報も伝えている。一五八四年一月二十日（天正十一年十二月八日）付書簡によると、「城の屋根はすべていとも滑《なめら》かで、あたかも轆轤《ろくろ》で作ったかのように形の良い石で葺《ふ》いてあった」とあり、発掘調査を裏付けている。のちにまとめた『日本史』にも越前国については「日本におけるもっとも高貴で主要な国の一つ」と評価しており、勝家が統治した越前国が重要な国であったことが窺える。

越前支配の実態

天正元年（一五七三）に朝倉氏が滅亡し、翌年には朝倉旧臣同士の勢力争いに一向一揆も加わり、越前国はたちまちのうちに戦乱の巷《ちまた》となった。翌三年、信長が大軍を動員して越前を平定したが、朝倉義景の晩年から近江国への出陣が繰り返され、その後の争乱、信長による一揆衆の大量殺戮《さつりく》なども加わり、郷村《ごうそん》は極度に疲弊していたと思われる。勝家の喫緊の課題は、荒廃した郷村の再興であったであろう。もちろん、並行して知行安堵、寺社政策、検地、支配の拠点となる北庄城の築城、城下町の整備、軍備の増強なども進められた。

勝家は、越前国を拝領した直後から動き始めている。天正三年（一五七五）九月には郷村や寺社に宛てて「定《さだめ》」を発給し、農民の還住を推進し、新たに課役をかけず、竹木の伐採などを禁じ、復興を推進した。翌年三月三日、勝家は領国支配の基本方針を打ち出した。信長の他の重臣とは異なり、黒印状《こくいんじょう》（墨の印判が捺《お》された文書）で掟書を出している。七か条から成る（『大連《だいれん》三郎左衛門家文書』）。

①人足は勝家の印判状で催促する。それ以外は禁止する。北庄城の普請で人足が必要だが、百姓は耕作に専念せよ。
②名主《みょうしゅ》百姓の利得を保護。
③勝家が派遣する上使の接待に制限を設けることで負担を軽減。
④反銭《たんせん》などは「三増倍《さんぞうばい》」（貨幣価値が三分の一に下落していたため銭貨を三倍納入させること

で元の価値を維持しようとした収納法と推測されている）で納入せよ。
⑤百姓らは新たに主取《しゅうどり》をしてはならない。信長の直臣は勝家に仕えてはならない。
⑥勝家の印判がなければ山林竹木を伐採してはならない。
⑦百姓は他の在所に移住してはならない。また、受け入れてもいけない。

この掟は「勝家の越前支配における基本法令」と評価されており、「領主層と農民の動向に制約をかけて、両者の対立を防ぐとともに、相反する勝家の越前支配の方針である、荒廃した農村の復興と、在地支配の強化および城郭・城下町の建設を両立させるために発布されたものといわれている」（みくに龍翔館編『天下人の時代と坂井』）。

天正五年（一五七七）には検地も実施したが、これは惣国《そうこく》検地と評価されている。惣国検地は、大野郡と敦賀郡を除く越前十郡で実施されたという。織豊《しょくほう》・徳川初期における北陸四か国（越前・加賀・能登・越中）の検地を詳細に検討した木越隆三氏によると、勝家の惣国検地は「村と対立して遂行したのでなく、百姓指出《さしだし》と村請《むらうけ》の力を利用した検地であったが、統一基準で面積を掌握し、統一斗代《とだい》（一石五斗）を村中に受容させた点で画期的であった。しかも、奉行と村中が対立・反目し、奉行中が強権的に村をねじ伏せてそれを達成するのではなく、一見手緩く見える村請に依存した検地形式を借りながら、織田政権の統一政策を巧みに折り込み、深く浸透させていった」（『織豊期検地と石高の研究』）と分析している。まずは「村高《むらだか》」《ママ》（一村の石高の総計）を確定して年貢収納高を確保することを優先した。

越前支配の実態については、越前入国直後は上級権力者である信長の意図を現場において忠実に実行していたが、徐々に勝家独自の意図のもとに支配を展開するようになり、松下浩氏は「柴田勝家の越前支配は、信長の上級権力のもとで柴田がそれを遵《じゅんぎょう》行するというよりは、柴田が独自の意思と判断で支配を行っていたものという性格の方が強い」（「柴田勝家の越前支配」）と分析している。

松下氏が勝家の独自性に高い評価を与えた視角を継承した丸島和洋氏は「越前における織田氏（信長・勝家双方）発給文書を網羅的に検討し、織田権力の越前支配を再考」（「織田権力の北陸支配」）した。信長は勝家らの重臣層に対し上級支配権を保持し、彼らは信長の代官と評価されてきたが、こうした信長の上位性を排除し、信長は当初に大まかな施政方針を示したが、その後は領域支配を任せた、と分析し、信長を特別視することに疑問を投げかける。信長の領域（北陸）支配は他の戦国大名と同様と評価し、勝家らは他の戦国大名で概念化されている「支城領主」と位置づけることができる、と結論している。信長の専制性を否定し、むしろ北陸支配は分権的な性格が窺えるという。支城領主として全権を委任されたからこそ、佐久間信盛のように失敗すれば全面的な責任を問われることになった、と見るのである。

勝家は、信長の基本方針を遵守しながらも越前支配を軌道に乗せていくなかで、現地において解決できる事案では臨機応変に対処していった。勝家の材木調達を通して越前支配を分析した長澤伸樹氏は、「勝家は早くから個別に竹木伐採停止を命じる立場として、在地復興を進める中で、自身の印判状発給を根拠とする材木調達と山林竹木支配を以って、主体的支配権を確立した。それは換言すれば信長の意思に規制されない、国内を新たに勝家独自の色へ染め直す第一歩でもあった」(「材木調達からみた柴田勝家の越前支配」)と評価する。

勝家は、秀吉に先行して刀狩りを実施していたといわれる。一揆を防ぐために刀剣類を供出させ、鋳直《いなお》して九頭龍川《くずりゅうがわ》の舟橋の鎖や農具に転用したと伝わるが、実際には知行代価に応じて供出するものであった(異説あり)と見られており、秀吉の刀狩りとは異なるという。しかし、寺社やそれに仕える者に対して刀剣類を差し出させたというのは、武装解除の一端ともいえよう。一向一揆の勢力が残存している越前国では一定の効果があったのではなかろうか。

商業の振興については、戦乱で一乗谷から逃れていた商人・職人を北庄に呼び寄せ、移住した商人・職人らが「一乗町《いちじょうまち》」を形成した。また、楽座《らくざ》としたものもあるが、座(特権的同業者団体)の特権を保障したケースもある。御用商人として橘屋三郎左衛門尉らを起用して商人・職人の統制を図った。寺社の支配では、信長の「氏神」である織田剣神社への対応で苦慮したこともあった。

北陸征討軍の総大将

越前平定後の次の目標は、加賀・能登・越中だが、三か国への侵攻については良質な史料が乏しく、断片的にしか分からない。軍記物に頼らざるを得ない側面もある。出陣中に本城である北庄城を一揆勢に攻められたこともあった（『横山山城守家士武功書《よこやまやましろのかみかしぶこうしょ》』）。

加賀国については、天正三年（一五七五）の越前平定作戦時、稲葉一鉄・彦六父子、明智光秀、羽柴秀吉、細川藤孝、簗田広正が侵攻し、能美・江沼の両郡を制圧、檜屋城、大聖寺城を修築し、両城には簗田広正、佐々長穐《ながあき》に加え、嶋弥左衛門（一正）や朝倉旧臣の堀江景忠らを添えて在番させた（『信長公記』）。『甫庵《ほあん》信長記』『当代記』などを見ると、加賀国は簗田広正に与えられたようである。与えられたというよりも、実態は、自ら大将となって制圧せよという命令に等しい。「切り取り次第」である。

簗田広正は大聖寺を居城とし、天正四年（一五七六）春には、一揆軍が大聖寺城を攻撃しようとしたが、広正は逆に敷地《しきじ》（石川県加賀市）の天神山《てんじんやま》に出撃した。一揆軍は内輪揉めで崩れ、首魁《しゅかい》の富樫《とがし》六郎左衛門らが討死して敗走。広正は追撃して一揆衆を討ち取り、大聖寺に帰陣した。敗走した一揆軍は能登《のと》奥郡《おくごおり》に援軍を求め、再度大聖寺を攻めるため、小松《こまつ》と御幸塚に砦を構築した（『越登賀三州志《えつとがさんしゅうし》』）。これに対し、広正も天神山に砦を構築して一揆軍に備えた。

一揆軍には白山《はくさん》・別宮・吉野《よしの》の賊徒も加担し、天神山砦は攻め落とされた。この報を得た勝家は、佐久間盛政とともに救援に向かい、天神山砦を奪回し、追撃。勝家は盛政に御幸塚の攻略を命じて帰陣した。盛政は御幸塚砦を攻めあぐねたが、徳山秀現《とこのやまひであき》が調略をかけて内応を誘ったことで砦を攻略した。しかし、一揆軍は小松、松任《まつとう》、尾山《おやま》の三城に籠城し、加賀国への侵攻は進まず、信長は加賀国の平定を勝家に委ねた。

簗田広正は召還され、織田信忠に属したが、天正七年（一五七九）六月病死したという。広正は馬廻衆出身の小身であり、一向一揆が猛威を振るう加賀国の平定などは土台無理な話でもあった。その証拠に、勝家軍団でも加賀国の平定は天正八年までかかっているほどである。信長の期待度が高かったのだろうが、結果的には人選ミスといえる。

信長は、（天正五年）五月三日付で、織田軍の加賀侵攻時には忠節を尽くすと申し出てきた加賀の国衆柴山《しばやま》長次郎に対し、本領を安堵し、働き次第では恩賞を与えると約している。加賀の国衆に対する調略の成果の一端である。勝家も八月十日付で同人に対し、味方に参じたことを賞し、加賀国は信長から勝家に託されているとした上で、山中《やまなか》（石川県加賀市）の知行を安堵すると伝えている（『柴山文書』）。

天正三年（一五七五）五月の長篠の戦いの頃までは信長と友好関係だった上杉謙信は、信長の大勝利のあと、信長とは距離を置くようになり、翌年には敵視して、天正五年には北陸で干戈《かんか》を交えることになる。信長と謙信が唯一直接対決したといわれる手取川《てどりがわ》の戦いである。謙信は信長が北陸に出陣してきていると思っていたが、信長自身は出馬していない。詳細に触れる前に、戦いの前後を時系列で列記する（伝聞情報なども含む）。

八月八日　織田軍（勝家が総大将）、北陸へ出陣する。
八月九日　謙信、本願寺の七里頼周《しちりよりちか》に対し、援軍要請に応じて能登の末守《すえもり》城の攻略を約す。
九月十日　勝家、一揆軍の妨害や降雨などで末守城の救援が困難になっているが、さらなる援軍は不要であり、予定通り救援する旨を信長に伝える。
九月十一日　上杉軍、一揆衆に加勢して加賀で織田方八百人ほどを討ち取る。
九月十五日　上杉軍、遊佐盛光《ゆさもりみつ》の内応により七尾《ななお》城を攻略する。
九月十七日　上杉軍、末守城を攻略する。
九月十八日　織田軍、湊川《みなとがわ》を渡河する。
九月二十三日　織田軍、撤退中に上杉軍の追撃を受ける。手取川の戦い。

十月三日　織田軍、加賀国内の耕作物を薙《な》ぎ捨て、御幸塚城を修築して佐久間盛政を在番させ、大聖寺城も修築して勝家の軍勢を配置した上で帰陣する。

天正五年（一五七七）八月、上杉謙信の南下に対処するため、信長は勝家を総大将とした北陸軍を編成。当初は信長自ら総大将となって北陸へ侵攻する予定だったが、勝家に総大将を委ねて侵攻させた。信長は閏七月二十三日付朱印状で出羽米沢《よねざわ》の伊達輝宗《だててるむね》（政宗《まさむね》の父）や家臣の遠藤基信《えんどうもとのぶ》に対し、悪逆な謙信を追討するとし、越後北部の揚北衆《あがきたしゅう》の有力者で謙信に対して反抗的な本庄繁長《ほんじょうしげなが》と相談し、粉骨を尽くすように指示している。一方の謙信も、八月九日付で本願寺の七里頼周に対し、信長が加賀国へ出陣してくることに触れ、本願寺に協力する旨を伝え、自らは能登国の末守城を攻略すると伝えている。すでに信長と謙信は一触即発の状況になっていた。

『信長公記』によると、八月八日、北陸遠征に従軍したのは、次の面々であった。勝家の与力である不破光治・前田利家・佐々成政・原政茂・金森長近の越前衆、勝家と軍事行動することが多かった氏家直通・安藤守就・稲葉一鉄の美濃三人衆、尾張時代からの旧知である滝川一益・羽柴秀吉・丹羽長秀といった信長の重臣や、信長の一門衆の斎藤利治（信長の義弟という。一三四頁参照）、および若狭衆である。織田軍の錚々たる顔ぶれといえる。織田家における格付けといい、北陸担当という立場からすれば、勝家が総大将に抜擢されたのは当然であろう。

勝家軍は湊川、手取川を渡河し、小松、本折《もとおり》、阿多賀《あたか》、富樫などを焼き払って在陣した（『信長公記』）。富樫は手取川より北に位置しているので問題はないが、小松、本折、阿多賀は、手取川より南側にあり、地理的に混乱していると指摘されている。これは単に表記の不正確さによるもので、要は、勝家軍は手取川を渡河し、少なくとも富樫まで侵攻していたということである。湊川は手取川の分流と推測されている。

手取川の戦い

この時、秀吉が無断帰陣し、信長の逆鱗《げきりん》に触れたことはよく知られているが、その理由は判然としない。勝家と意見が対立して帰陣したといわれるが、良質な史料では確認できない。『織田軍記』には、秀吉は日頃から勝家と仲が悪く、この時も「威勢」を争って帰陣したと記している。『越登賀三州志』などには、今回の遠征の目的は七尾城の救援であったが、手取川を渡河し、水島《みずしま》で七尾城籠城衆の梟首《きょうしゅ》のことを聞き、長連龍《ちょうつらたつ》に確認させたところ、上杉方に寝返った遊佐続光《つぐみつ》、温井景隆《ぬくいかげたか》らに討ち取られた父兄の頸《くび》であることを確認したため、秀吉は七尾城が陥落したのであれば所期の目的を達成することができないので帰陣した、としている。可能性としてはあり得るだろう。無断帰陣によって信長の逆鱗に触れたものの、具体的に懲罰《ちょうばつ》された気配はない。ただ、総大将の勝家の面目は潰れた。これ以降、両者にわだかまりが残ったことは十分考えられる。

勝家は、丹羽長秀、滝川一益、武藤舜秀と連署し、九月十日付で信長に状況を報告。加賀国について信長からの命令書を受け取り、それに対する四人連署の報告である。末守城の救援については、進軍が困難で、しかも前日の雨で増水したため、延引する旨を伝えている。末守城からの情報によると、謙信は加賀と能登の境界にある高松《たかまつ》に三千人を派遣し、これに加賀の一揆衆も加わっているとのことだが、信長の命令通りに進軍する覚悟であると伝えている。今日（九月十日）になっても七尾城からは何の連絡もないので不審に思っていたが、末守からの飛脚によると、能登の百姓どもが謙信に味方して通路を遮断しているためだと判明したとし、計画通りに進捗《しんちょく》していないが、これ以上の援軍は不要である、と覚悟を示している。

上杉謙信との手取川の戦いは著名だが、その実態ははっきりしない。信長と謙信の直接対決という側面から大規模な戦いを想定する向きもあるが、信長自身は出馬しておらず、手取川の戦いを記した良質な史料は少ない。丹波の荻野直正《おぎのなおまさ》に宛てた九月二十六日付の下間頼廉《らいれん》（本願寺の坊官）の書状（『赤井《あかい》家文書』）によると、謙信の軍勢が加賀に侵攻し、九月十一日に八百人を討ち取ったという情報を知らせており、これを手取川の戦いに比定する見方があるが、別の戦いであろう。

手取川の戦いの唯一の根拠ともいえるのが、謙信が記した九月二十九日付書状写《うつし》である。九月十八日に織田軍は湊川を渡河したが、謙信の後詰を知って同二十三日夜に撤退、謙信は追い討ちをかけて千余人を討ち取ったとし、このあと、有名な一節を書き残している。「案外に手弱《てよわ》の様躰《ようだい》、この分に候わば、向後《こうご》天下までの仕合せ、心安候《こころやすく》（信長軍は思ったよりも弱体であり、この勢いなら上洛することもたやすい）」と豪語している。近年の研究では手取川の戦いそのものを疑問視する向きもあり、この書状写を偽文書と見る説もある。『北越太平記』『北越軍記』などは、信長は出陣していたものの戦わずに帰陣したとし、その戦巧者《いくさ》ぶりを謙信が褒めたなどと荒唐無稽《こうとうむけい》の話をでっち上げている。手取川の戦いというのは大会戦ではなく、七尾城や末守城の落城を知った織田軍が撤退したところを一揆衆に追撃されて多少の損害が出た程度の戦いであろう。勝家に仕えた家臣の中には、手取川で一揆が蜂起した時に討死したという武士もおり、これが実情に近かったのではなかろうか。

謙信は、（天正六年）二月十日付の書状で越中・能登・加賀の三か国を領有したと豪語していたが、翌三月十三日に急死したことで、上杉家は養子の景勝と景虎《かげとら》（実父は北条氏康《ほうじょううじやす》）との家督争い（御館の乱）に発展し、急速に北陸での影響力を後退させる。信長は謙信急死を同月中にはすでに察知しており、謙信没後の混乱に乗じて北陸方面で大攻勢をかけていく。越中国には守護代家の系譜を引く神保長住《じんぼうながずみ》を起用し、佐々長穐《ながあき》を添えて飛騨経由で侵攻させて六月には越中国の過半を平定し、能登国についても長連龍の援軍要請に応え、秋には信長自身が出馬する意向を連龍に伝えている。

勝家の養子勝豊も八月二十日には加賀へ出陣を予定(『長家文書』)し、九月二十四日には、斎藤利治を能登へ派遣した。尾張・美濃の大軍が侵攻してくると怖気《おじけ》づいた津毛《つげ》城の上杉軍は退散し、利治は津毛城に神保長住の軍勢を入れ、自らは津毛城から三里(約十二キロメートル)ほどのところの本郷《ほんごう》に本陣を据え、周辺を焼き払って武威を示した。十月四日には、月岡野《つきおかの》の戦いで上杉軍を打ち破り、その勢いで国衆らから人質を徴し、長住に人質を渡し、厳冬期を迎えるため利治は十月二十一日に帰陣した。

信長の支援を仰ぐ長連龍は、北庄へ赴いて勝家の助力を請うものの協力を得られず、独力で旧臣や牢人衆を糾合して能登へ侵攻し、八月十四日には上杉方の穴水《あなみず》城を攻略。信長から連龍への援軍を指示されている勝家だったが、九月二十二日付で穴水城の連龍に対し、年内は海上の通航が困難であることから赴援できないとし、来春早々には信長自ら出馬し、勝家も従軍するので、それまで守備を固めるよう伝えている(『長家文書』)。

長連龍との音信を密にしていた信長は、(天正七年)五月十七日付で今秋には必ず出馬するとし、七尾城の温井景隆・三宅長盛《みやけながもり》兄弟が上杉氏から離反して信長に内通してきたのを容認したとし、連龍の仇敵だが意趣を残さないように命じている。その後、七尾城では温井兄弟が上杉勢を駆逐して七尾城を乗っ取る動きなどはあったが、能登、越中ともに膠着《こうちゃく》状態が続く。

勝家は、加賀への侵攻に注力し、一揆軍の内輪揉めにも助けられ、徐々に圧迫しつつあったが、一向一揆の支配の長かった加賀国の平定は困難を極めた。『信長公記』によると、勝家は天正七年（一五七九）八月九日、加賀へ侵攻し、阿多賀、本折、小松町口まで焼き払った上で、刈田《かりた》（敵の田畑の作物を不法に刈り取ること）を命じて帰陣した。天正七年の勝家軍の動向を伝えるものとしては、佐久間盛政と柴田勝安が加賀国の白山麓の十六か村を攻略し、越前国に編入したという史料がある（『白山一巻留書』『白山争論記』）。これを勝家の軍事行動の一環として見る説もある（『勝山市史』二）。同年九月二十九日、大坂本願寺に向かっていた加賀の一揆衆の使者を正親町季秀《おおぎまちすえひで》が搦《から》め取って信長に進上し、使者は誅殺《ちゅうさつ》されている（『信長公記』）。加賀の一揆衆と大坂本願寺は密に連絡をとり合っていたのだろう。この年、上杉景勝は加賀の金沢御堂衆に対し、越中への出陣を求めたが、御堂衆は勝家軍への対応に手一杯で出陣を謝絶している。

北陸で一進一退の攻防が続くなか、天正七年末頃から信長と大坂本願寺との間で和睦の話が持ち上がってくる。和睦前に実効支配を拡大すべく、勝家の侵攻作戦は俄然《がぜん》、熾烈《しれつ》さを増していくことになる。

加賀国平定を加速

信長を苦しめてきた大坂本願寺も天正七年（一五七九）末頃にもなると、与同勢力が各個撃破されつつあるなか、少しでも余力のあるうちに和睦する道を模索しつつあった。本願寺側の記録には、信長が天正七年冬頃から朝廷に働きかけたとしている。大坂本願寺は十二月二日、信長との「御和談」について協議すべく、軍事的中核を担ってきた雑賀衆《さいかしゅう》の首脳部を呼び寄せた。ことは緊急を要しており、実際、十二月七日には本願寺の出城であった森口《もりぐち》城が信長に降伏している。朝廷は、十二月二十五日、勅使を本願寺に下し、和談を勧めた。

大坂本願寺との和睦は、北陸で本願寺勢と死闘を繰り広げている勝家にも大きな影響があるため、この情報が伝わっており、（天正七年）十二月十九日付で家臣の加藤景利、徳山秀現に対し、大坂本願寺との和睦について知らせている。「大坂本願寺との和睦の条件を詳しく聞いている。再度、本願寺から申してくる要望を検討し、その内容によって対応する。このことを十分に知らしめてほしい」旨を指示している。

信長は和戦両様の構えで対処し、天正八年（一五八〇）三月に大坂本願寺に大攻勢をかける計画を吹聴《ふいちょう》して本願寺に危機感を募らせ、和談への流れを加速させた。大坂本願寺も同様に一月から二月にかけて各地に大動員令をかけた。こうしたなか、和睦締結に向けての交渉は着々と進み、信長は三月十七日付で七か条から成る覚書と、起請文を認《したた》めた。北陸に関しては第五条に「賀州二郡、大坂退城以後、如在なきにおいては、返付すべきこと」と明記している。

加賀国の能美・江沼の二郡については、大坂城を退去したあと、問題がなければ返付するということだが、裏を返せば、不穏な動きがあれば反故にするということである。同日付で松井友閑に対し、加賀国の二郡のことに言及し、一点でも不調なら破棄する方針を伝えており、デリケートな問題だったことが分かる。和睦交渉が進むなかで、和睦締結時には実効支配が大きな比重を占めることから、双方ともに戦闘はより激しさを増した。

勝家は、天正八年（一五八〇）閏三月五日に加賀国への大侵攻を開始。同九日には湊川・手取川を渡河して奥郡（石川・河北両郡）まで侵攻し、宮越《みやのこし》（金沢市）に陣取った。野々市《ののいち》に拠《よ》った一揆衆を撃退し、兵糧を奪い、さらに能登・越中方面まで追撃して所々に放火した。木越《きごし》（金沢市）の拠点を陥落させて数多《あまた》の一揆衆を斬り捨て、また上杉方の土肥親真《どいちかざね》が籠城する能登の末守城も攻略する戦果を挙げた。木越の攻略は先陣の佐久間盛政の手柄だったようである。長連龍も勝家軍と連動し、飯山《いのやま》に陣取り、七尾の敵などを追い払っている。

信長は閏三月十一日付で勝家に対し、「大坂本願寺を赦免するので加賀国では必ず戦闘を中断せよ。ただし、現在占領している城砦などはそのまま守備すること。改めて指示を下す」と命令。加賀平定を進める勝家は、上杉景勝の重臣で越中松倉《まつくら》城を守備する河田長親《かわだながちか》の誘降を画策した。長親は近江国出身だったが、上杉謙信が上洛した時、長親を見込んで越後まで連れて帰った逸材である。勝家の配下にも近江出身者がいるので、この伝手《つて》を頼って調略しようとしたのだろう。閏三月二十四日付で長親の家臣に対し、「加賀国の一揆衆を退治するため出馬し、方々を平定したことは聞き及んでいることと思う。金沢一城を残しているが、すぐに落城させることになるだろう。北陸道の平定はこの時である。長親を説得して織田方に忠功を尽くせば、身上は保障する」と呼びかけ、翌日には勝家の重臣、山中長俊・中村宗教・佐久間盛政の三人が連署して説得。越中や能登の国衆も織田方となって参陣している状況を伝え、手遅れになる前に内通せよと脅しつつ、身上のことは信長と勝家が保障すると伝えたが、長親は織田方には靡《なび》かなかった。

信長の閏三月三十日付長連龍宛黒印状によると、「勝家に加賀国奥郡まで侵攻するように命令したところ、連龍の協力もあって加賀国の凶徒を過半討ち果たしたとのこと、心地がよい。また、木越を制圧したのち、七尾・飯山へ侵攻し、敵を撃退し、勝利を得たとのこと、これまた祝着である。油断なく策を巡らすように」と指示。連龍の閏三月二十二日付の書状に対する返書だが、勝家からも同様の報告が届いている、と記している。

勝家は信長への報告を密にしていたようにも思えるが、『信長公記』によると、この頃（四月から五月）、信長は勝家軍の状況を懸念しており、木下祐久、魚住隼人の両使を派遣し、勝家に状況を報告するよう指示したところ、両使が戻ってきて能登・加賀両国を平定したことを信長に詳しく復命した。信長はこの報告に満足したが、この時点で能登・加賀を平定したというのは誇張があろう。

大坂本願寺は強硬派の教如《きょうにょ》（顕如の嫡男）も八月二日に退去したが、退去後に四方から和睦に反対する「乱妨人共《らんぼうにんども》」（『徴古雑抄《ちょうこざっしょう》』『諸方雑砕集《しょほうざっさいしゅう》』）が織田方の奉行衆の制止をも突破して乱入したことで、伽藍の一宇も残さずに焼亡してしまった。信長の表裏《ひょうり》（言動と内心の相違）を疑っていた教如に対し、信長は七月十七日付で改めて「加賀国については、大坂退城後、何事もなければ返付する」と誓約していたが、乱妨人の仕業によって加賀国の返付は反故になったものと思われる。

加賀平定を進める勝家は、天正八年（一五八〇）八月、加賀国江沼郡の山中湯《やまなかゆ》に、軍勢の乱妨狼藉などを禁じる禁制を下している。九月二十日、勝家は山中湯の近くの山に籠城する朝倉旧臣や一揆衆を攻撃し、五日間で落城に追い込み、さらに十月二日には、江沼郡の松山《まつやま》城に一揆衆が五、六百人で籠城していたが、柴田勝安の活躍で攻略したという（『越賀記』

『雑録追加』)。十一月十七日、勝家は調略で一向一揆衆を討ち取り、その首魁十九人(若林《わかばやし》長門守《ながとのかみ》父子三人、鈴木出羽守父子五人など)の頸を安土へ進上し、信長の実検に供え、信長は「御感《ぎょかん》斜めならず」満足した(『信長公記』)。

『信長公記』には、「調略」の記述しかないが、『越賀記』『貞享《じょうきょう》二年加能越里正由緒記《かのうえつりしょうゆいしょき》』などによると、勝家の調略というのは騙し討ちである。二曲《ふとうげ》城の若林長門守父子の場合は、本領安堵を保障してくれるなら忠節を誓うと勝家に使者を派遣して申し出、勝家が了承したので長門守父子三人は勝家の本陣に赴いたところ騙し討ちに遭った。別宮城の鈴木出羽守父子の場合も、和談したあと松任城に呼び寄せて誅殺したという。先祖書などによると、加賀国内での勝家軍の戦闘として、月林の戦い、小松空了橋の戦いなどが確認できる。

　加賀国を平定した勝家は、信長から加賀国を拝領したという(『当代記』)。一説には佐久間盛政が拝領したともいう。この御礼言上《ごんじょう》も兼ねて、翌天正九年(一五八一)二月、勝家は京都での馬揃え(軍事パレード)に参加した。勝家は、北庄城を本拠に、加賀へは直接、軍事侵攻したが、能登や越中に関しては、前田利家、佐々成政の与力や長氏などの親織田派、さらに斎藤利治や菅屋長頼などの信長側近が軍事行動や現地支配を進めていた側面もあった。

信長は、天正九年（一五八一）二月、京都で大々的な馬揃えを挙行した。一月二十三日には来る二月二十八日に京都で馬揃えを挙行するとし、光秀に総奉行を命じた。勝家にも参加要請があり、養子の勝豊や重臣の勝安の一門衆らを伴って二月二十四日に上洛し、信長に「色々珍奇、員《かず》を尽くし進上候て御礼これあり（いろいろ珍しいものを揃えて信長に進上し、御礼を申し上げた）」。

勝家らは「越前衆」として参加。勝家、勝豊、勝安、不破直光、前田利家、金森長近、原政茂らの面々だった（『信長公記』諸伝本で人名に異同がある）。三月五日には朝廷からの要望で二回目の馬揃えを実施し、佐々成政、神保長住、および北陸の国衆も勝家らに遅れて上洛した。

フロイスの書簡も勝家のことに触れ、「柴田（勝家）殿は一万の家臣と一万の人夫を率いて来た。彼は昨日、信長を訪ね、黄金三十枚と茶の湯の道具三点を献じた」「当地において彼は緋色《ひいろ》（の衣服）をまとい、彼の乗馬をも緋色で覆ったが、偶然にも信長がこの衣服を自ら用いるつもりであったので、彼（柴田殿）が同じ身なりをして出ることを望まなかった」と記している。一万人の家臣と一万人の人夫はそのままには信じられないが、『信長公記』にあるように、莫大《ばくだい》な贈り物を信長に献上したのだろう。また、信長に匹敵するような装いで馬揃えに参加しようとしていたのも興味深い。

馬揃えの翌日付の勝家の書状を見ると、上洛時の様子が窺える。勝家の上洛に合わせて能登国の温井景隆が島海苔《しまのり》（能登舳倉島《へくらじま》の名産品）を勝家に贈り、それに勝家が返書したものである。「御馬揃えにはわれらも騎馬で参加した。その様子は使者が見物していたので、帰国後にお話しするでしょう。ここ数年は上洛することもなく安土にも上ってこなかったので、毎日、信長公のご機嫌伺いに伺候している。北国の戦況をお尋ねになることもあり、その時には景隆殿のことも申し上げている。近々下向するのでその時に詳しくお話ししよう。なお、詳しくは山中長俊がお伝えします」と返書し、追伸では「いい機会なので、これから有馬《ありま》で湯治する予定です。もしそちらで変わったことがあれば、知らせてほしい」と結んでいる。

『賀茂別雷《かもわけいかずち》神社文書』の天正九年（一五八一）二月分の算用状（収支決算報告書）を見ると、勝家一行への出費が記されており、干米、酒肴《しゅこう》、餅《もち》などを贈っていたことが分かる。また、徳山秀現も上洛しており、右筆として仕えていたことも判明する。

越前、加賀、越中の大名衆や国衆らが上洛した隙を衝いて、上杉軍や一揆軍が反転攻勢に出てきた。松倉城の河田長親は上杉景勝からの後詰を得て一揆を煽動し、三月九日には佐々成政の留守兵が守備する小出《こいで》城を攻囲した。同十五日にこの急報を得た信長は、越前衆の不破、前田、原、金森に加え、勝家の軍勢が先勢として救援するように命令し、昼夜兼行で越中に向かった。越中国は平定半ばだったが、直近には正式に成政に与えられていた。

信長の命を受けた佐々成政は三月二十四日、六道寺川《ろくどうじがわ》を渡河し、中田《なかだ》まで進軍した。この情報を得た上杉景勝、河田長親は無二の一戦を覚悟していたものの、小出城の攻囲を解いて撤退に移った。成政は上杉軍を追撃したものの取り逃がしたが、小出城の救援には成功した。信長も長連龍宛の三月二十七日付黒印状で、「この機会に残らず討ち果たす覚悟だったが、早々に逃げ退いたので仕方なし」と伝えている。翌日には側近の菅屋長頼を七尾城代として派遣している。

他方、加賀国でも、勝家が白山の麓の二曲《ふとうげ》に砦を構築して留守兵三百人で守備させていたが、一揆勢が攻め寄せ、全滅させた。守将は毛利九郎兵衛だったが、討死したという。勝家らが留守の間、尾山城（のちの金沢城）で北陸の警固を任されていた佐久間盛政が二曲へ急行し、一揆衆を数多く斬り捨て、「高名比類無し」といわれる武功を挙げた。

小出城から撤退した河田長親は松倉城に帰城したが、四月病死し、景勝は代将として上《じょう》条宜順《じょうぎじゅん》（政繁《まさしげ》）を派遣するが、上杉勢の退潮は覆うべくもなくなっていく。景勝は、武田勝頼と結んで御館の乱に勝利したが、双方ともに秘密裡《ひみつり》に単独で信長との和睦の道を探っていた。勝頼の場合は、信長の信玄への憎しみもあり、取りつく島もなく、景勝の場合には和睦の可能性はあったものの、条件面でまったく折り合いがつかなかったようである。

信長側近衆の役割

斎藤利治は、斎藤道三の子息で濃姫の弟とされているが、はっきりしない。濃姫の実弟なら信長の義弟ということになる。道三が長良川の戦いで敗死した時、信長への「美濃譲り状」を認《したた》めた宛所の「児」に比定されているが、譲り状も含めて真偽は定かではない。ただ、信長に近い関係というのは信じてもよさそうであり、一門衆と理解していいだろう。明智光秀に転仕した斎藤利三とも近い関係で、利治の息女は利三の息子に嫁したともいう。

天正五年（一五七七）八月の北陸遠征軍では総大将の勝家に従った。北陸方面に専念していたわけではなく、翌天正六年三月に上杉謙信が没すると、半年後の九月、越中方面に派遣された。この時は、飛騨経由で侵攻し、津毛城、松倉城を攻略、月岡野の戦いでは上杉方の河田長親、椎名《しいな》小四郎を打ち破る武功を挙げた。信長は北陸の寒さを警戒し、利治を帰陣させた。これ以降、利治の北陸での活躍は確認できないが、長連龍の判物から推測すると、能登国内で知行を得ており、能登方面へ侵攻したのかもしれない。能登国は天正九年には前田利家に与えられるが、流動的だった可能性もある。

北陸で信長の上使として活躍したのが菅屋長頼である。長頼は信長の一族で、有能な側近として各種の奉行職を勤めた。越前の織田剣神社の再興に尽力し、その後、天正八年（一五八〇）頃から本格的に能登や越中の支配に関与するようになる。天正九年三月二十八日には、七尾城の城代として派遣された。信長は前日の（天正九年）三月二十七日付黒印状で長連龍に対し、馬揃えに参加するために上洛していた織田方の留守を狙って越中に侵攻してきた上杉軍を追撃して全滅させるべきだったが、逃してしまったのは無念であるとし、能登方面の警備を厳重にするため、長頼を派遣するのでその覚悟で迎えるように通達している。『長家家譜』などによると、長頼のほか、前田利家、福富《ふくずみ》秀勝、原政茂らも能登に下向したようである。

四月二十日付で菅屋長頼は景勝の家臣（須田満親《すだみつちか》、上条宜順、山崎専柳斎《やまざきせんりゅうさい》）に対し、詰問状ともいえる返書を認めている。「景勝が小出城の攻略に出陣したが、神保長住や佐々成政が上洛している留守を狙ってのことであり、世の嘲《あざけ》りを受けている。そちらの落度は紙面に尽くしがたいほどである。成政と長住が駆けつけるとすぐさま敗走し、これまた面目を失っている。上杉軍は抵抗するだろうと想定し、このため長頼も下向し、初めて見参できると思っていたが、すぐに敗走とは情けない」と手厳しい。また、景勝が信長へ五か条から成る条件を示して和睦を模索していたことにも触れ、「表裏」の軍事行動を非難し、結局、和睦は調わなかった。

天正九年（一五八一）五月には、上杉方の寺崎盛永《てらさきもりなが》が守備する願海寺《がんかいじ》城を攻撃し、敵方からの内通もあり落城させせた。六月には七尾城において、親上杉方として叛服《はんぷく》常ない遊佐続光らを殺害（『長家文書』『信長公記』『萩藩閥閲録《はぎはんばつえつろく》』）。七月には、長連龍に信長の命を奉じて知行を安堵し、能登国の気多社《けたしゃ》にも社領を安堵している。その後、信長の命で能登・越中両国の諸城をことごとく破却し、安土に戻った。長頼は、信長の上使とはいえ、半年足らずの間に、能登・越中で大鉈《おおなた》を振るい、両国の制圧に一定の目処《めど》をつけるという離れ業を成し遂げた有能な奉行と評価できるだろう。能登国は前田利家に与えられたが、越前府中の知行は召し上げられ、長頼に与えられることになった。信長の利家宛十月二日付朱印状には、その引き継ぎのために近日中に長頼を越前に派遣するとし、その心づもりでいるように伝えている。利家はこの処理も兼ねて府中に戻り、さらに安土へ能登国拝領のお礼のために赴いている。

北陸で目覚ましい働きをした長頼については「勇者」（『武功雑記』）という評価がある一方、勝家は「表裏者《ひょうりもの》のすげのや（菅屋長頼）と明知（明智光秀）出頭申し候由に候」（『利家公御代之覚書』）と快く思っていなかった節がある。信長の一族で側近とはいえ、北陸道の統括を自任する勝家としては苦々しい思いがあったかもしれない。

第四章　本能寺の変と清須会議

1　本能寺の変

外交戦略

織田家における北陸方面の総司令官を自認する柴田勝家は、越中、能登への侵攻に向けて東北の諸大名とも連携して上杉氏を追い詰めるために伊達氏などとも音信し、遠交近攻策の具現化に向けて工作している。

伊達氏と信長の接触は早い。東北の大小名の中では最も早い部類である。天正元年（一五七三）十月下旬には伊達輝宗から信長に音信を通じている。勝家も、（天正九年）五月三日付で伊達氏の重臣遠藤基信に初めて音信し、「北国方面の警固として越前に配置され、昨年には加賀・越中・能登を平定した。しかし、まだ完全には制圧していないので、伊達家が協力してくれるとのこと、伊達家は信長公と親しくされているので、上方《かみがた》で必要なことがあれば尽力する」とし、今後の情報交換を求めている（『建勲《たけいさお》神社文書』）。九月十九日付返書は、前便に対し基信からの返信を受け、さらに返書したものである（『斎藤報恩博物館所蔵文書』）。前便と同様に、北陸方面の警固として越前に在国し、昨年には加賀・能登を平定し、上方で必要なことがあれば尽力する、と伝えている。内容的には前便と同様だが、音信を繰り返すことで詳細な情報交換を進め、さらには信長の天下統一へ協力させる役割を担っていることが分かる。伊達氏とこうした交流があったことから本能寺の変後、十一月七日付で基信は、「今年は馬や鷹を贈ろうと準備していたが、本能寺の変が起こり、贈れなくなった。信長公のことは是非もない。こちらにも噂《うわさ》が伝わって混乱している。天下はどうなるのか教えてほしい」と問い合わせている。

また、北奥羽《おうう》の安東《あんどう》氏とも信長は天正三年（一五七五）と推測される二月二十日付で初めて音信を通じ、鷹を所望している。その後も交流は続き、天正八年と推測されている八月十日付の安東愛季《ちかすえ》宛勝家書状では、「鷹を求めるために滝波久兵衛を津軽糠部《つがるぬかのぶ》に派遣したが、往復の道中の便宜を図ってもらえればありがたい。今回、安土（信長）へ音信され、また私へも懇切にしてもらい満足である」と伝えている。信長と安東氏の音信は日本海を通じて行われ、立地的に中継点となる北陸司令官の勝家がその取次の一人だった。また、翌年七月二十八日付で愛季に対し、愛季が信長へ鷹を献上したことを賞し、勝家にも鷹を贈ってくれたことに感謝して、返礼品を贈るとともに今後も情報交換していきたい旨を伝えている（『秋田家史料』）。

本能寺の変が勃発した時、勝家は伊達氏や安東氏らとは友好関係を続けていたが、上杉氏とは完全に敵対していた。のちに敵対する羽柴秀吉は、毛利氏との間で和睦の話も持ち上がっており、内部崩壊しつつあった毛利氏とは比較的たやすく和睦して東上することができたが、上杉景勝は毛利氏とは異なり、滅亡を覚悟して決死の構えで敵対しており、このあたりも勝家には不利に働いたといえよう。

変直前の動向

信長は天正九年（一五八一）と推測される十月十五日付書状写《うつし》において、富田《とびた》左近将監（一白《かずあき》）に対し、越中国も能登国も平定したので越後国に侵攻するとし、その準備として有力者の本庄や高梨《たかなし》などを味方に付けておくように指示している。実際には越中の平定は途上であり、翌年の本能寺の変の時期にようやく平定の目処がついた状況であった。加賀国内でも一揆が勃発するなど、完全制圧には時間を要する難治の国でもあった。

この頃の「織田政権」の北陸支配を整理すると、北陸道の司令官として勝家が越前国と加賀国を支配し、能登国は前田利家、越中国は佐々成政が領主に抜擢されていた。加賀国は佐久間盛政に与えられた可能性もあるが、勝家が管掌していたと思われる。

天正十年（一五八二）は、三月に武田氏を滅ぼし、六月には本能寺の変が勃発するというエポックメーキングな年である。加賀国を平定した勝家だったが、天正十年になっても同国では一揆が頻発している。白山麓の山内《やまのうち》（能美郡）の一揆が出撃してきたが、三月一日には攻略し、数百人を生け捕りにし、磔《はりつけ》にした（『鷺森《さぎのもり》日記』）。上杉景勝の書状では勝家軍が敗退し、数千人が討ち取られたという情報を流しているが、本願寺側の記録ですら一揆衆が「キリマケテ」と記しているので、一揆衆が敗退したと思われる。また、同じ日に佐羅《さら》の城も攻略したようである（『安井健夫家文書』）。

『信長公記』には、富山城の神保長住が家臣に押し込められて富山城が敵方になったという記事がある。武田攻めに出馬した信長・信忠父子が武田勝頼に討ち取られ、この機会に越中でも一揆を起こし、越中を制圧せよ、という虚偽の情報が流れ、これを信じた小島《こじま》六郎左衛門（職鎮《もとしげ》）と唐人親広《かろうとちかひろ》の二人が一揆の大将となって、長住を富山城内に幽閉し、三月十一日に富山城を乗っ取った。

これを知った勝家は、佐々成政、前田利家、佐久間盛政らを率いて富山城を攻囲し、「すぐに攻略できます」と信長に知らせると、信長は勝家らに返書し、「武田勝頼・信勝《のぶかつ》父子をはじめ一族重臣をことごとく討ち果たし、駿河《するが》・甲斐・信濃の三か国を平定したので気遣いには及ばない。飛脚が見聞しているので事実を伝える。富山城を奪回するのはもちろんである」と伝えている。三月二十四日付で前田利家が兄安勝に宛てた書状によると、「富山城を攻囲しているが、城中からいろいろ懇望してくるので、二、三日中には攻略できる」と知らせている。勝家軍は三月中旬頃から魚津城も攻囲しており、四月二日付の利家の書状を見ると、魚津城攻めは順調であることが分かる。日夜、鉄炮を打ち込み、大筒（大砲）も使用して威圧を加えた。もっとも、この大筒は銃腹が小さくて役に立たず、鋳直させている。

富山城を救援できなかった上杉景勝は、魚津城を後詰せず見捨てることになれば、越中国衆の上杉家に対する信頼が失墜し、武田家の二の舞となって雪崩《なだれ》を打って織田方に寝返る可能性が高くなることから、自ら出陣して救援する意思を示した。景勝は四月十三日付で魚津城の籠城衆に対し、上杉方に寝返っていた能登衆の温井《ぬくい》景隆らを先発させ、自らも出陣して雌雄を決する覚悟を示して激励。籠城衆は四月二十三日に、四月五日付と同十一日付の景勝の書状が二十二日に松倉から届いて拝見したとし、「魚津城は、以前にも伝えたが、城壁まで攻め込まれ、四十日に及ぶ籠城を続けて持ちこたえてきたが、これ以上持ちこたえることは不可能であり、滅亡を覚悟している」と伝えている。じつに悲壮な決意だが、景勝への忠誠心というよりも、降伏しても赦免されないと覚悟していたからだろう。

ちなみに、天正十年（一五八二）と推測されている四月十七日付の前田利家宛信長の黒印状（『前田土佐守家文書』）で、陣中見舞いを謝したあと、「その面普請等、油断なく候由、しかるべく候、猶々《なおなお》、精を入るべく候なり」と賞している。「その面」を越中国とし、魚津城攻めの時のものと推測されているが、年次は天正七年、越前衆が播磨へ出陣していた時のものと思われ、普請は淡河《おうご》城（神戸市）に対する付城の普請であろう。

柴田勝安・某元政が北庄城留守居の中村常喜斎《じょうきさい》に宛てた四月十八日付連署状によると、魚津城を追い詰めており、攻略は間近と伝えている。五月九日付の前田利家黒印状を見ると、五月六日に魚津城の二の丸を攻略し、残るは本城だけの裸城にまで追い詰めており、城中から出てきた者の話では、兵糧も鉄炮の弾薬も底を尽き、城内は正体のない状態であり、落城は間近だと伝えている。

上杉景勝は魚津城の救援に赴き天神山に陣を据え、味方には無二の一戦を遂げると豪語したものの、積極的な軍事行動もできなかった。利家は、信長からの援軍も予定されているので、着陣すれば「喜平次（上杉景勝）討ち果たすべきこと、別儀なく候」と強気の姿勢を貫いている。

松倉城を攻囲していた佐久間盛政は、信長に泥障《あおり》（馬具の一種）を贈って武田攻めの戦勝を祝ったが、信長は五月七日付の黒印状で見事な出来栄えを褒め、松倉城の攻略に向けて奮励するよう指示している（『賜蘆文庫《しろぶんこ》文書』）。盛政は勝家の本隊とは別軍として松倉城を攻囲していたことが判明する。松倉城は、五月二十六日に開城し、その夜中には景勝も越後へ撤退した。『武家事紀』には勝家と和睦して帰国したとしているが、信用できない。

残るは魚津城のみだが、援軍の望みもなく、降伏も許されず、絶望的な状況に追い込まれ、二か月半の籠城戦の末、六月三日に落城し、籠城兵は壮絶な最期を飾った。六月一日付の佐《さ》竹義斯《たけよしつな》（佐竹義重《よししげ》の家臣）宛遠藤基信の書状には、「北国口のことは、柴田修理亮をはじめとして、越中に到《いた》って打ち出され候」とし、信長の調略で出羽・陸奥の諸大名も過半が信長方となっている、と知らせている。信長は新発田重家《しばたしげいえ》など上杉家中の切り崩しも進めていたが、魚津城攻囲中には、柴田勝豊が重家と連携している山浦《やまうら》左衛門尉（村上義長《むらかみよしなが》）と音信し、魚津城攻略後は越後に乱入するので、この機会に忠節を尽くすように促している（『村上家系図書翰等控《しょかんとうひかえ》』『雑録追加』）。武田氏を滅ぼした織田軍は、四方から越後国内へ乱入しつつあったが、本能寺の変で事態は急変し、上杉景勝は九死に一生を得た。信長は越後国を平定後、勝家配下の部将に与える予定だったようである（『射和文庫《いさわぶんこ》所蔵文書』）。

本能寺の変の急報

本能寺の変は天正十年（一五八二）六月二日未明に勃発した。佐々成政の六月五日付書状によると、三日午前六時頃に魚津城を攻略し、信長の命令もあり、十三人の大将をはじめ籠城者を一人残らず討ち果たしたとし、この勢いで越後の上杉景勝も討ち取ることは目前であると豪語している。本能寺の変のことにはまったく触れておらず、当然ながら変事は伝わっていない。前田利家が兄安勝に宛てた六月四日付と同五日付の書状も、魚津城を攻略したとあるが、変事には触れておらず、急報は届いていない。

勝家がいつ本能寺の変を知って、どのように行動したのかは、これまではっきりしなかったが、近年、確認された勝家の五通（副状一通含む）の書状で明らかになった。これらの書状については、金子拓「本能寺の変「時間」と情報―太陽コレクションに寄せて―」（『大信長展』）、阿部洋輔「溝口《みぞぐち》家所伝の柴田勝家書状について―本能寺の変をめぐる―」（『新発田郷土誌』四七号）、藤田達生「「本能寺の変」研究の現在」（『本能寺の変』）、大河内勇介「本能寺の変直後の柴田勝家と丹羽長秀」（『福井県立歴史博物館紀要』一四号）などでも詳しく分析されている。長くなるが、五通を意訳してみよう。

①六月十日付粟屋五郎右衛門尉宛勝家書状（前欠）（『太陽コレクション所蔵文書』）

（前欠）越中を平定したところに本能寺の変の情報が入ったため、攻略した魚津城の事後処理をした上で、成政は越中国に、利家は能登国に、我らは九日北庄城に帰陣した。丹羽長秀は大坂城の在番で若狭国を留守にしているが、若狭国を守備するのは非常時のこの時である。越前とは隣国であるので尽力する。高浜《たかはま》の留守居にもこのことを知らせている。もし牢人衆などが蜂起すれば、注進があり次第軍勢を派遣し、制圧する。父の勝久へも別便で伝えるべきだが、同じことなので知らせていない。そなたらは織田家に対して特別にご恩を受けているので、このたびは無二の覚悟が必要である。長秀と拙者（勝家）も是非とも粉骨を尽くす覚悟である。繰り返しになるが、厳しい状況になればいつでも協力するので連絡してほしい。なお、詳しくは木戸金左衛門尉（順元《のぶもと》）と徳庵から伝える。

②六月十日付溝口半左衛門尉・同久介宛勝家書状（『溝口半左衛門家文書』）

本能寺の変のことは是非もないことで言語《ごんご》に絶するばかりである。拙者（勝家）は越後方面に侵攻して平定していたが、変のことを知り、越中の守備を固めて昨日九日、北庄城に帰陣した。大坂城の長秀は皆の者と相談して、光秀女婿の織田信澄を討ち取ったとのこと、まずは祝着である。光秀は近江に在陣しているとのことだが、他の者と協力し、光秀を討ち取る覚悟である。「上様」（信長）生前のように天下を静謐《せいひつ》にする覚悟のほどを長秀に知らせた。若狭国は隣国であり、長秀が大坂に在番しているので、牢人衆が蜂起すれば、援軍を派遣する。疎意なく協力する。皆の者が相談して各自の城を堅固に守ることが大事である。木戸順元からも申し述べる。なお、溝口金右衛門尉も不在とのことなので、しっかりと守備を固めることが重要である。

③六月十一付溝口半左衛門尉・同久介宛木戸金左衛門尉副状（『溝口半左衛門家文書』）

昨日（十日）お返事を出しました。勝家よりお二人、ならびに若狭衆へ書状を出しました。高浜のことは疎《おろそ》かにしないとの文面です。大坂在陣衆に対しても勝家から書状を認《したた》めました。北庄からは通行ができないのですが、そちらからはできることと存じますので溝口秀《ひで》勝《かつ》まで届けてください。巡礼に託してでも届けてください。この書状が届けば、諸方面が協力して光秀を討ち取ることができます。そのためにもぜひとも全力を尽くして届けてください。前便でお知らせしたように、高浜城は堅固と聞いていますので籠城されるのがよろしいかと思います。もし籠城が難しくなれば、私が援軍に駆けつけるよう勝家から命令されていますので、その心づもりでいてください。そちらの状況についてお返事ください。女房衆についてはお返事次第で迎えの者を派遣します。ただし、そちらの城を守り抜くためには退城することはいかがかと思います。お返事をお待ちしています。

④六月十五日付寺西《てらにし》次郎大郎・溝口半左衛門尉・溝口久介宛勝家書状（『大阪城天守閣所蔵

文書』）

前便で知らせたように、そちらの状況が心配である。状況確認のために、再度木戸順元に委細を申し含めて派遣する。他の若狭衆にもそれぞれに知らせている。近江に向けて明日、柴田勝豊、佐久間久右衛門尉（保田安政）、柴田勝安に足軽衆を加えて出陣させる。拙者（勝家）は、能登（前田利家）と越中（佐々成政）へ連絡したあと出陣する。詳しくは順元が説明する。

⑤日付・宛所欠の書状（後欠）（『太陽コレクション所蔵文書』。六月十三日頃の長秀宛勝家書状と推測されている）

九日付の書状が十二日午後八時頃に届いた。こちらからの十日付の書状は、通行に支障をきたしているので高浜の留守居まで届けた。そちらにも届いていることと思う。大坂城周辺や中国方面、そのほかの方面についても光秀退治のために長秀が味方を募って調整していることを詳しく知らせてくれて満足である。北陸方面については、上杉景勝が後巻《うしろまき》として救援に出陣してきたが、松倉城を攻略した。景勝はその夜に敗走し、魚津城も三日午前六時頃に攻略し、二千余を討ち取った。大将クラスの首級は信長公へ進上した。その後、黒部《くろべ》から宮崎《みやざき》城の攻略に向かっていたところ、五日夜に宮崎城が自落し、所々の城も攻略していたが、六日、本能寺の変の注進があった。利家と成政と相談し、成政は越中、利家は能登にそれぞれ留《とど》まり、拙者（勝家）は光秀退治のために九日、北庄城に帰陣した。十日には進軍に向けて調整し、そのことは十日付の書状に認めた。織田信澄を殺害したことは各方面から聞いていたが、長秀からの書状で事実だと確認した。長秀の手柄である。光秀は信長公から身に余るご恩を受けながら、本能寺の変を起こしたことは言語に絶する。前便でも記したように、光秀討伐には微力ではあるが、是非とも粉骨を尽くして討ち果たしたい。大坂城におられる「三七様《さんしちさま》」（信孝）を中心に光秀討伐軍をまとめ上げ、光秀を踏み殺すことは天道であり、手間もかからない。しかし、油断せず、味方を募ることが大事である。家康は帰国し、三日から五日のうちには出陣するとのこと、もっともである。近江国は、光秀方に傾きつつあると聞いているが、越前から出陣して討ち果たすので任せてほしい。近江国を駆け抜け、直接会って話し合い、生前の信長公が定めた「御置目《おんおきめ》」（掟）を守り、重臣一同が相談して事に当たれば天下を平穏にすることができる。利家や成政へも長秀からの書状を届け、能州、越（後欠）。

光秀討伐軍を編成

五通の書状に登場する使者や宛所の人物を確認してみる。

粟屋五郎右衛門尉は、越中守勝久の子で、諱は家勝《いえかつ》とも勝家《かついえ》ともいう。若狭の国吉《くによし》城の留守居だったと思われる。

木戸金左衛門尉順元は勝家の家臣で、「金左衛門尉順元」（「順元」の判読は大河内勇介氏の論考による）と名乗っている共通性から津田（織田）順元と同一人物とみられる。順元は信長の一族で馬廻、胆勇の士と評される一方、信長の鷹匠《たかじょう》でもあり、時には観世元頼《かんぜもとより》（能役者）の領地の紛争に塙《はのう》喜三郎（安弘《やすひろ》。勝家の女婿原田直政の伯父）とともに関与したこともあったが、のちに勝家に転仕したという。小谷城攻めの時には、殿軍《しんがり》の佐々成政を塙安弘らとともに救援するなど歴戦の部将として認知されていたことから、高浜城への援軍の将に抜擢されたのだろう。

徳庵は、勝家の奉行衆である。中村聞下斎宗教と同一人物とする史料もあるが、連署することもあり別人である。

溝口金右衛門尉秀勝は、丹羽長秀の子飼いの家臣だったが、天正九年（一五八一）四月、信長の直臣に取り立てられ、若狭国に在国して長秀の目付役を命じられている。同年の天正伊賀の乱では、長秀とともに従軍しており（『福智院《ふくちいん》家文書』）、本能寺の変の時もおそらく長秀とともに長宗我部《ちょうそかべ》攻めに出陣予定していたものと思われる。

溝口半左衛門は、系図類などによると、溝口秀勝の弟で、諱は勝吉《かつよし》としている。『亀田大隅守高綱泉州表合戦覚書』などの記録を残した亀田大隅高綱《たかつな》（溝口半之丞）の父である。大隅は勝豊に仕えたともいわれる。溝口半之丞に宛てた勝家と勝豊が連署した感状写が伝わっているが、そのままには信用できない。

溝口久介は、溝口一族ではなく、尾張の丹羽勘助（秀盛《ひでもり》）の子、諱は秀友《ひでとも》という。新発田《しばた》藩の『世臣譜』は、信長の死後、勝家に仕えたとしている。勝吉は義理のおじにあたる。寺西次郎大郎は二本松《にほんまつ》藩の『世臣伝』によると、信長に仕えた四郎兵衛（是成《これなり》）とし、のちに秀吉に仕えたという。

五通の書状などを含めて判明することを整理すると次のようになろう。

五月二十六日　松倉城を乗っ取り、上杉景勝は同夜に撤退。

六月三日　この日早朝に魚津城を攻略、その後黒部を経由して宮崎城の攻略に向から。

六月五日　宮崎城が自落する。

六月六日　本能寺の変の情報に接する。在陣衆と相談し、佐々成政はそのまま越中に留まり、前田利家は能登に帰国して守備を固め、勝家は北庄城に帰城して明智光秀討伐軍を起こすことを議する。

六月九日　勝家、北庄城に帰城する。

六月十日　若狭留守居の粟屋氏（丹羽長秀の与力）に信長の厚恩に対する忠節を呼びかける一方、勝家自身は長秀と協力して逆臣光秀を討ち取る覚悟を示す。

六月十二日　長秀が織田信澄を討ち取り、光秀が近江に在陣している情報を入手し、光秀討伐に向けて準備する。長秀に対してもこの日書状を認《したた》める。

六月十三日　午後八時頃、九日付の長秀の書状が届く。

六月十五日　山崎の戦い。

六月十六日　翌十六日には先陣として、養子の柴田勝豊、甥の保田安政・柴田勝安兄弟に足軽衆を付けて派遣する予定。勝家も利家と成政への連絡を終え次第、出馬する意向だったが、二日前には山崎の戦いで光秀が敗北。

六月十七日　この日までに山崎の戦いで光秀が討死（実際には敗北）した情報を入手し、前田利家に伝える。勝家はいまだ出陣していない（『中村不能斎採集文書』）。前田利家は、領国能登の情勢が不穏なため大軍を率いて従軍することはできないと辞するも、勝家が出陣するなら小人数でも参陣する旨を伝える。

勝家は六月六日に本能寺の変の情報を入手し、同九日には北庄城に帰城した。宮崎城で急報を得たのなら北庄城まで約二百キロメートル（あくまで目安）の距離である。上杉景勝の情報では六日夜中に撤退したとしており、かなりの強行軍だった。秀吉の中国大返しよりも速かったと見られている。しかし、秀吉の備中高松城《びっちゅうたかまつ》と比べると、京都からは一・五倍ほどの遠距離であり、秀吉に先を越されたのは当然だといえよう。

結局、勝家が出陣準備を整えて、いざ出陣しようとした時に光秀敗北の情報が届いたため、主君の仇討《かたきう》ちを諦め、新たな対応が求められることになった。これが清須会議の招集というかたちになる。太田牛一は著作の中で、勝家は越前の大国を拝領しながら、信長公の仇である光秀に対し、錆矢《さびや》を射かけることもしなかった、と手厳しい。牛一は、勝家の足軽だったという説があるが、史料の誤読と思われ、勝家と敵対した経験があった。もちろん、その影響で勝家を批判したということではなかろう。

一方、風前の灯《ともしび》だった上杉景勝は、早くも六月八日には本能寺の変を知ったようである。むろん、誤報も含まれている不確かな情報ではあったが、異変そのものは察知していた。六月八日付の色部長真《いろべながざね》宛書状には、上方で凶事が出来《しゅったい》したため、越中に在陣していた勝家らは撤退したという情報を得ている。翌九日付の蓼沼友重《たでぬまともしげ》宛書状では「上方の様躰《ようだい》必定に候」と伝えており、詳しい内容は摑《つか》んでいないが、景勝にとって「大慶」となった変事そのものは確実とし、反転攻勢に意欲を見せている。

同日付の游足庵《ゆうそくあん》宛の書状（『平木《ひらき》屋文書』）では、毛利氏と対陣していた秀吉が敵方の捕虜となり、信長が救援に向かったものの秀吉が討ち取られたため、信長が退却したところ、信長の甥の織田信澄が謀叛して信長が切腹したという情報が加賀・越前あたりから届いているが、事実かどうかは分からないとし、越中に在陣していた勝家らは六日夜中に退却したという情報を摑んでいる。六月九日時点では誤聞を含むかなり不正確な情報しか摑んでいなかったが、十二日には「二日、京都において信長父子三人切腹」という比較的正確な情報を入手していた。三人とは、信長と息子の信忠・信房《のぶふさ》（五男。系図では勝長《かつなが》）である。

ちなみに、備中高松で秀吉と対峙していた毛利氏も当初は事実と異なる情報に翻弄《ほんろう》されていた。六月六日付の小早川隆景の書状写を見ると、六月一日に信長父子が討たれ、二日には大坂にいた織田信孝が自害したが、これは織田信澄、明智光秀、柴田勝家の三人が謀議して謀叛に及んだという誤情報を記している。変直後は情報が錯綜《さくそう》し、とくに織田家に敵対している大名は判断が遅れて追撃に手間取り、やすやすと撤退を許してしまった。

2　清須会議

織田家の家督を決定

謀叛人明智光秀は、山崎の戦いで織田信孝を大将とした織田軍に大敗し、勝龍寺城へ逃げ込んだあと坂本城めざして落ち延びたが、落ち武者狩りに遭って惨めな最期を遂げた。羽柴秀吉は光秀の本拠だった丹波国や光秀に通じた近江の大小名などを、あるいは磔にし、あるいは帰服を認めるなど平定を進め、美濃を経由して尾張に赴き、柴田勝家らと戦後処理を協議した。いわゆる清須会議である。当然ながら、当時こうした言葉があったわけではない。近代的な「会議」とはかけ離れたものである。議事録のようなものが遺されているわけでもない。そもそも、開かれた日付すら定かではない。勝家や秀吉の書状、信長旧臣による連署状、また遠く離れた大和の僧侶の日記、さらには軍記物などで推測しているに過ぎない。

『川角太閤記《かわすみたいこうき》』では岐阜城で評定《ひょうじょう》が行われたように記述しているが、勝家の覚書写《うつし》(『南行雑録』)や秀吉の書状によって清須城で開かれたことが確認できる。信憑性の高い大村由己の『豊臣記(由己日記)』(『天正記』『秀吉事記』のうち、自筆本を透写した『惟任退治記』『柴田退治記』などを転写したもの。活字本は後世の怪しげな追記が反映していると思われるが、同記にはそのような追記はない。最も良質な写本の一つである。ただ、誤写なども含まれるため、引用にあたっては他の写本も参照した)にも、信雄や勝家も追々に軍勢を進めてきたので清須城で参会したとあり、清須で評定をしたことは確かである。

出席者は、秀吉の書状によると、「四人宿老共」が出席したとあり、勝家のほか、秀吉、丹羽長秀、池田恒興である。堀秀政《ほりひでまさ》もおそらく陪席しただろう。後継者争いをした信雄・信孝兄弟は談合から除外されたともいう。大村由己の『総見院殿追善記』も、「柴田、羽柴、惟住、池田、この四人として天下の政道を行い、今度忠節の輩《ともがら》に知行を配分し分国を定め、互いに入魂《じっこん》すべき固めを成し、誓紙《せいし》を取り交わし各《おのおの》帰国し畢《おわん》ぬ」とある。誓紙（誓いの文書）については、秀吉の書状などからも確認できる。勝家と秀吉が主導権争いで揉めたという史料もあるが、はっきりしない。勝家には不満が残ったかもしれないが、内輪揉めの愚を犯すような勝家ではなかっただろう。勝家が秀吉を謀殺しようとした計画があったという史料もあるが、信用できない。

伝聞ではあるが、『多聞院日記』六月二十九日条には、大乗院門跡の尋憲が安土から帰国し、信孝への挨拶も上々で大慶と喜ぶ一方、信雄と信孝の意見が衝突し、軍勢が対峙したままとの情報を載せている。当時、山崎の戦いで光秀に勝利した信孝が後継者と目されていたが、名門北畠氏を継いだ兄の信雄が異を唱えていたようである。織田家督は周知のように信忠の遺児三法師《さんぼうし》（のちの秀信《ひでのぶ》）に決定した。七月六日条には、「天下のことは、勝家、長秀、恒興、秀政の五人が分捕りのようになったとのことである」などと記している。

『多聞院日記』の情報を整理すると、勝家は近江国の長浜周辺の二十万石（実際には北近江三郡と思われる）、堀秀政は三法師の傅役《もりやく》として近江のうちで二十万石の直轄地を管理、丹羽長秀は近江国の高島郡と志賀郡、池田恒興は摂津国の大坂周辺、秀吉は山城・丹波両国（ただし、丹波国は秀吉の弟秀長《ひでなが》。当時は長秀《ながひで》だが、以下秀長と表記する）と河内国の東部を得た。「大旨《おおむね》ハシ（羽柴）ハカマ、ノ様也（おおむね秀吉が望んだ通りになった）」とし、下京の六条に築城し、名代は置かず、五人が異見して三法師を補佐するとのことである。「信長の子供はたくさんいるのに、誰も後継者になれなかった」とし、争乱に至ることを予想している。宣教師の記録にも、「彼は柴田（勝家）殿、池田（信輝《ママ》）ならびに丹羽五郎左衛門と共に諸国と俸禄を意のままに分け合い、信長の第三子三七殿（信孝）には従前の俸禄に加えて美濃国を与えたが、彼は天下の主君となることを望んでいたのでこれに満足しなかった」とし、「諸国の大半を我が物としたのは羽柴筑前（秀吉）殿である」と記している。

勝家が不満だったというのは首肯できるが、山崎の戦いに参陣しなかった信長重臣で領地を獲得したのは勝家のみである。ただし、北陸からの圧力があったればこそ、山崎の決戦時に、光秀の右腕ともいうべき明智秀満を安土城に釘付け《くぎづ》にすることに成功しており、信孝らの勝利に貢献したともいえよう。長浜城周辺を得たのは、秀吉よりも先に長浜周辺を平定していた可能性があったからだろう（『北村《きたむら》文書』）。

欠国（領主不在となった国）の分配で最大の領地を得たのは秀吉であり、実質的に京都を押さえたのも大きい。清須会議が開かれたと推測されている六月二十七日、勝家、秀吉、恒興、長秀の四人が連署し、蒲生賦秀《ますひで》（氏郷）や高山右近らに領地を宛行《あてが》い、京都の住人に対しては三法師を宿老として盛り立てていく旨を伝えている。また、同日付で堀秀政に三法師の直轄領の差配を命じている。勝家以外の四人は山崎の戦いで武功を挙げており、勝家としてはどうしても引け目があった。

なお、六月二十六日付の滝川一益宛の秀吉書状（『大阪城天守閣所蔵文書』）によると、「清須城に逗留《とうりゅう》せしめ、御国の置目等申し付け候事」とあり、六月二十六日以前から清須会議が開かれていた可能性がある。

織田一門として

勝家が信長の妹お市と再婚したことはよく知られているが、いつ頃かははっきりしない。「天下一の美人」「天下無双の美人」などといわれ、勝家、秀吉ともに妻室に望んだというが、にわかには信用できない。

お市は、十三歳年下の信長の妹という（異説あり）。父は信秀だが、母は不詳。信長と同腹ともいわれる。北近江の浅井長政に輿入《こしい》れし、織田・浅井同盟の絆《きずな》となった。長政に嫁した時期も諸説あってはっきりしない。早い時期のものとしては永禄二年（一五五九）三月十日、同年六月、永禄七年、同八年二月三日などと記した史料がある。いずれも信憑性の低いもので取るに足りない。ひどいものでは、天文十七年（一五四八）に縁組したとするものすらあるが、お市は当時まだ二歳だった。長政に嫁した年次については、信長が稲葉山城を攻略した永禄十年(一五六七)前後であろう。長政との間には、有名な三人の息女を儲ける。茶々《ちゃちゃ》(淀殿《よどどの》)、お初《はつ》(常高院《じょうこういん》)、お江《ごう》(崇源院《すうげんいん》)である。

一方、長政の男子は数人いたとされるが、はっきりしない。『信長公記』によると、浅井氏滅亡後、十歳だった息子(万福丸《まんぷくまる》)は関ヶ原で磔刑《たっけい》に処された。一説には九月三日に秀吉が木之本で殺害したともいう。また、朝倉義景への人質として越前にいて、朝倉氏の滅亡後は加賀に潜伏し、盲人となったため母(お市)、祖母(信長の母)を頼ってきたが、処刑されたともいう。『諸寺過去帳』『江州浅井家之霊簿』『浅井氏過去帳』では没年月日を天正元年(一五七三)十月十七日としている。万福丸は、お市の実子かどうかもはっきりしない。お市が長政に嫁す前の永禄七年(一五六四)生まれであり、おそらく別の女性の子供であろう。

長政は元亀元年(一五七〇)四月、信長が越前朝倉攻めに出馬した時、信長に叛旗を翻し、信長を窮地に陥れた。長政の裏切りを知ったお市は、陣中見舞いとして、両端を縄で縛った小豆《あずき》入りの袋を贈り、信長が朝倉と浅井に挟み撃ちにされることを暗に知らせたという(『朝倉家記』)。よく知られた話だが、まったく信を置きがたい。

長政は越前の朝倉氏などと連携し、足掛け四年にわたって抗戦を続けたが、武田信玄の急死などにより劣勢を余儀なくされ、天正元年(一五七三)八月の朝倉氏滅亡に続き、九月には小谷城を攻略されて大名としての浅井氏は滅んだ。長政は自害したように理解されているが、その最期の様子ははっきりしない。『永禄以来年代記』には、「備前守《びぜんのかみ》九月一日に召し取り、首をはねらる。内衆別心して信長と引き合わせ、かくのごとく打ち果たし候なり」とある。浅井氏の家臣が命乞いのために長政（備前守）を裏切り、取り押さえて信長に差し出し、長政が刎首《ふんしゅ》されたという内容である。落城時にはよくある裏切りで、可能性としてはあり得よう。

お市と三人の息女は織田方に引き取られたが、その顚末《てんまつ》も定かではない。息女が三人だったかどうかも不明である。お市母子は、織田家で保護されたのは確かだと思われるが、その場所は岐阜城とも清須城ともいわれる。信長の叔父信次に引き取られたという説もあるが、根拠に乏しい。『織田軍記』では、お市母子は、信長の同母弟といわれる織田信包《のぶかね》が預かり、その後清須で過ごしたとある。お市は男兄弟では信包と最も仲が良かったからともいう。信長、信包、お市が同母だったという説もあるが、信頼できる史料からは確認できない。三女とされるお江は、小谷落城時にはまだ生まれておらず、お市が小谷城から出て岐阜へ赴いてから生んだという史料もある（『創業録』『引證《いんしょう》』『濃陽史略《のうようしりゃく》』など）。

その後のお市母子の動静も不明だが、本能寺の変後、勝家と秀吉の政争の具として表舞台に登場してくる。勝家の室は飯尾定宗の息女だったが、信憑性の低い記録には、天正四年

（一五七六）に病死していたため、信長の命で佐々成政が仲人《なこうど》となって娶《めあわ》せ、天正五年六月二十九日、三人の息女を伴って北庄城に赴いたという。また、天正十年八月五日という異説や「秋末」と記した史料もある。

お市と信長が同母の兄妹どころか、兄妹でもなく、従兄妹という説もあるが、お市の存在がそれなりの重さを持っていたのなら、やはり信長の実の妹で、同母妹だった可能性もあろう。清須会議のあと、岐阜城で祝言し、そのまま越前に伴っていったという史料もあるが、フロイスの書簡には、勝家の最期を記した場面に「信長の姉妹で数カ月前に娶《めと》った妻」とあるので、天正十一年（一五八三）四月二十四日から数か月前に勝家に嫁したということになる。また、九月十一日、お市が信長の百日忌を妙心寺《みょうしんじ》で挙行しているが、「越之前州居住大功徳主某信女」と説明しており、この時には越前に居住していたことが分かる。天正十年と推測される十月六日付の堀秀政宛勝家覚書写（『南行雑録』）でも、「縁辺《えんぺん》（婚姻）の儀」に触れており、九月十一日以前に越前に嫁したのだろう。

勝家はお市を娶ったことで織田一門となったともいえるが、それ以前に、実子の権六に信長の息女が娶せられており、その意味では信長生前から一門衆に列しており、秀吉同様に盤石の地位を築いていた。高齢の勝家とお市の間に子供はいなかったとされているが、二人の息女がいたという系図がある（『柴田一族』）。もちろん信用できない。

第五章　賤ヶ岳の戦い

1　信長在世時の体制維持

信長の葬儀

織田信長は天正十年（一五八二）六月二日、本能寺に斃《たお》れ、後継者の信忠も同時に自害したため、正当な後継者は嫡孫の三法師（三歳）となったが、信長の葬儀を主催する年齢ではなかった。葬儀を挙行するということは、後継者を意味することにもつながり、政治的な駆け引きがあったものと思われる。信長の葬儀は、十月十五日、羽柴秀吉が主導して京都の大徳寺で挙行された。名代を争った信雄や信孝、柴田勝家の動向もはっきりしない。彼らが葬儀についてどのように考えていたのかは確認できないが、秀吉の言い訳が伝わっている。

信孝家臣の斎藤玄蕃允（利尭《としたか》）・岡本《おかもと》太郎左衛門（良勝《よしかつ》）宛の十月十八日付書状写《うつし》に記さ

れている。同書状は、実質的には信孝宛であり、勝家に向けてのものでもある。二十四か条にわたる長文で、最後の一条で葬儀のことに触れている。原本が確認されておらず、写のかたちで伝わっている。宛所や文言などの異同もある。写文書を総合して意訳する。

上様の御仏事について、信孝様、信雄様に養子の秀勝《ひでかつ》から申し上げましたが、お返事もなく、また宿老衆も執り行う予定がありませんでしたので、これでは世間への体裁もよくないと判断しました。御存じのように私（秀吉）は小者一僕の身分でしたが、上様のお陰で国々を拝領する身分になりました。上様の御恩は須弥山《しゅみせん》よりも高いと存じており、身分不相応ながら御仏事を執り行いました。上様の後継者が六十余州を平定してからの御仏事であれば、追い腹を切っても恨みはありません。

信雄、信孝に葬儀のことを打診したが、返事もなく、勝家以下の宿老衆も執り行う予定がなかったので、秀吉が身分不相応ながら挙行した、という内容だが、実際には名代候補や勝家らを出し抜いて葬儀を行った言い訳に過ぎない。信長の葬儀を挙行した者が後継者とみなされることを睨《にら》んでのことである。

秀吉が信雄・信孝兄弟、および宿老衆に葬儀の必要性を説いたという史料は確認されていないが、勝家に使者を派遣したことが窺える史料がある（『藩中古文書』）。写文書の読み下しを示してみよう（読みやすく修正を加えた）。

羽柴筑前方より、使いとして前野《まえの》少右衛門尉差し下し候、しからば、談合すべきことに候間、その方、留守居堅く申し付け、早々相越さるべく候、かの使い待たせ候間、油断なく、待ち入り候、恐々謹言、
未《ひつじ》上刻　　修
九月七日　　勝家判
佐久間玄蕃助殿

「羽柴筑前」は羽柴筑前守秀吉、「前野少右衛門尉」は秀吉家臣の前野勝右衛門尉長康《ながやす》、「修勝家」は、柴田修理亮勝家、「佐久間玄蕃助」は佐久間玄蕃允盛政のことである。未上刻は午後二時頃。秀吉から使者として前野長康が派遣されてきた。これは長康と勝家らが旧知であったからであろう。盛政と談合したいことがあるので、金沢城の留守を堅固にした上で、急いで北庄城まで来るように、使者を待たせているので油断しないように、という内容である。具体的な談合の内容は不明だが、時期的には大徳寺の葬儀のことかもしれない。

秀吉は大徳寺で十月十一日から十七日まで法事を行い、葬礼は十五日に挙行。秀吉はこの大イベントに莫大な費用を費やして、後継者をアピールした。当日の葬礼には、見物人が群集する関心の高さだった。葬儀の前日には、尾張から信雄、美濃から信孝が翌日の葬儀を中止するために上洛してくるという風聞があった。『蓮成院記録《れんじょういん》』には、九月二日、信長の葬礼を挙行する旨を公表したところ、滝川一益、丹羽長秀、長谷川秀一、柴田勝家、信孝の名代、および池田恒興らが上洛して中止しようとした、という噂があったが、異議なく挙行となったと記している。真偽は不明だが、秀吉陣営の丹羽長秀、池田恒興も反対側に回ったとすれば、秀吉の独断で挙行したことになる。もっとも、長秀は名代として青山助兵衛（宗《むね》勝《かつ》）ら三人を派遣して秀吉への体裁を繕っている。フロイスの書簡には「五畿内のほとんどの領主が参列し」た、とあるが、秀吉傘下《さんか》の領主のことであろう。

勝家の対応ははっきりしない。前述のように中止を迫ろうとした風聞があったようだが、具体的な動きは確認できない。『川角太閤記』には、信長の葬儀は勝家が発案したとし、勝家は四、五千人の軍勢を率いて上洛したが、秀吉が姫路《ひめじ》から二万ほどの大軍を擁して上洛してくることを知り、狼狽《ろうばい》して敗軍のように京都から下向したという。荒唐無稽である。

本能寺の変後、光秀討伐で後れをとった勝家は、対秀吉戦略でも後手後手に回った印象である。主導権を握られたまま、賤ヶ岳の戦いを迎えた感すらある。清須会議以降の勝家の動向はほとんどわからない。逆に秀吉は、勝利したことも影響しているが、残存史料が勝家に比べると格段に多い。秀吉の生涯で最も脂が乗っていた時期であり、精力的な活動が見えてくる。結果的には、大徳寺の葬儀を境に勝家と秀吉は決定的に決裂したと見るべきであろう。

勝家の手紙などを見ると、旧臣が協力して信長在世時の体制を維持・発展させ、「天下統一」を進めようとしていたことが分かる。もちろん、勝家自身も、信雄・信孝兄弟の力量では「天下統一」どころか、旧体制を維持するのも難しいことは百も承知していたはずである。しかし、勝家と秀吉が協力し、徳川家康も信長在世時のような立場で織田家の一員として天下静謐《せいひつ》をめざせば、あるいは三法師が成人するまで持ちこたえられるという希望を持ったかもしれない。勝家が最も恐れたのは、織田家の身内同士の争いである。勝家の書状にも「結句共喰《ともぐい》にて」滅ぶことを憂慮している。しかし、野望に燃える秀吉から見れば、現状維持派の戯言《ざれごと》に過ぎない。

秀吉の野望

秀吉は、清須会議で有利な状況を作り出したことで、織田家宿老の筆頭の地位はもちろん、織田家の簒奪《さんだつ》を徐々に夢想し始めたのだろう。本気で織田家を盛り立てようとしたとは思えない。三法師が名目上の後継者となったが、実質的な後継者をめぐって信雄と信孝が争った。

両者が争ったのは、名代の地位という見方がある。表面上はその通りかもしれないが、実質は織田家の家督である。これが秀吉を利した最大の要因である。

信雄は信忠の同母弟であり、名門北畠氏を継ぐなど、織田家内では信長、信忠に次ぐ第三位の地位だった。本来なら、他家を継いでいるという弱味はあったものの、信雄が後継者の筆頭であった。しかし、三年前、独断で侵攻した伊賀攻めで敗退するという失態を演じ、信長からも折檻状《せっかんじょう》を突き付けられるという武将失格の烙印《らくいん》を押されていた。二年後の天正九年（一五八二）には名誉挽回《ばんかい》の機会を得て、汚名を雪《すす》ぐことができた。しかし、天正十年の武田攻めの時、またもや不始末を仕出かした。「三助様信濃の諏訪《すわ》にて森弥《もりや》五八《ごはち》ことにつき、信長様御前悪《あ》しく候」（『伊勢伊賀戦争記』）とあり、理由は定かではないが、森弥五八郎のことで信長の機嫌を損じた。張本人の弥五八郎は五月に処刑され、安土城下の百々橋《どどばし》で頸《くび》を晒《さら》された。信長は戦勝祝いを京都で予定していたようだが、信雄は参加資格を失い、秀吉への援軍を命じられた。二度の失態に加え、本能寺の変後、何一つ有効な作戦をとることもできなかった。明智秀満が放火して退去したあとの安土城を接収したくらいである。

これに比べ、有能と評判の高かった信孝は、四国渡海軍が寄せ集め軍団だったことから四散してしまったものの、丹羽長秀や池田恒興、秀吉の支援もあって山崎の戦いで光秀を打ち破り、弔い合戦を遂げることができた。当時、京都などでは信孝が後継者と目されていた。

本人も十分に自覚していたが、清須会議では後継者の地位はお預けとなった。後継者の三法師は、安土城に入る予定だったが、変後の混乱ですぐに入城できなかった。これを奇貨として信孝は後継者の三法師を「玉《ぎょく》」として手元から離さず、秀吉の怒りを買うことになる。

秀吉は三法師を信孝に押さえられていることに焦りを感じ、丹羽長秀に対し、八月十一日付で、坂本城の普請を後回しにしても安土城の普請を急がせるよう督促している。勝家は長秀への九月三日付返報で、幼い三法師を安土に移す時期について、三法師は「日本国の御《おん》主《あるじ》御《ご》本流《ほんりゅう》」であるので、安土城の御座所が完成し、上方《かみがた》も落ち着きを取り戻してから宿老衆が奉じて移っていただくのがいいのではないか、と提案している。

またこの頃、美濃の信孝と尾張の信雄の間で領地紛争が勃発していた。国単位で領地としていたのだが、当時は、木曽川《きそがわ》を越えた西側も尾張国内だったため、信孝は国境の国衆の支配が不安定になるため、木曽川を国境とし、西側を美濃国に編入し、その代替として美濃国内の三郡を渡すと提案した。しかし、信雄が拒否したため、木曽川での「大河切《たいがぎり》」ではなく、当初の「国切《くにぎり》」に落ち着いた。この時点では、勝家が信孝に肩入れすることはなく、逆に秀吉が信孝の大河切を認める方針であった。予断を許さない緊迫した情勢ではあったが、信孝と秀吉の関係はなお流動的であった。秀吉が何よりもこだわっていたのは、三法師の安土移城である。安土城の修復が遅れているのであれば、長秀の居城である坂本城でもよく、要は信孝の手元から引き離すことであった。安土城や坂本城にさえ移してしまえば、秀吉の勢力圏内であり、軍事作戦の自由度も格段に高まるからである。

秀吉は、信孝が三法師を手放さないため、非常手段に打って出る。一種のクーデターである。三法師を傀儡《かいらい》にできないため、信雄を織田家督に据えるという荒業を強行する。秀吉の書状によると、信長の葬儀のあと、十月二十二日の時点までは織田家督として三法師を奉じる姿勢だったことが分かる（『浅野文書』）。秀吉とともにクーデターに参加した主なメンバーは、山崎の戦い以降、同陣営だった丹羽長秀、池田恒興、および堀秀政。

長秀は十月二十六日には上洛を予定していたが、延び延びになり、同二十八日にようやく上洛した。これ以前からも秀吉は長秀や秀政と談合することはあったが、それは信長の葬儀のことと思われ、今回の談合は決定的であった。秀吉、長秀、恒興の三人は二十八日、六条本国寺で談合し、天下を静謐にするための方策を決定した（『五師《ごし》職方《しょくかた》日記抄』『蓮成院記録』）。また、『鷺森日記』にも、十月二十七日に秀吉が山崎城から上洛し、同二十九日に吉田において長秀、秀政、金森長近その他と参会し、「世情無事の談合云々《うんぬん》」という伝聞を記している。後述するが、この頃金森長近は、勝家と秀吉との和解のための勝家の使者の一人として秀吉に派遣されている。長近は他の使者とともに勝家の意向を受けて談合に参加していたのか、まったくの誤聞なのか分からない。ただし、少なくともこの時点で勝家への裏切り行為があったとは思えない。

クーデターの内容は、清須会議で決定した織田家督を三法師から信雄に挿《す》げ替えることであった。秀吉は十一月一日付で家康の重臣石川数正《いしかわかずまさ》に返書し、勝家が信孝に謀叛させたと弾《だん》劾《がい》し、このため、秀吉、長秀、恒興の三人で「三介殿を御代に相立て馳走《ちそう》申すべきに大方相《あい》究《き》め候（信雄殿を家督に据え、盛り立てていくことに決定した）」と伝え、五畿内から人質を徴し、毛利氏とも和睦しているなどと自陣営の優位性をアピールしつつ、家康の協力を求めている。

『兼見卿記』天正十年（一五八二）十二月七日条によると、秀吉は五万余を率いて近江へ出陣したとし、敵対した勝家の属城である長浜城の攻略が目的だとしている。ただし、十二月七日に出陣したのは、筒井順慶《つついじゅんけい》ら大和衆を含めた先陣であろう（『五師職方日記抄』）。秀吉の書状によると、秀吉自身は十二月九日、安土城に信雄を迎えるために出張し、瀬田城、安土城、山崎城に軍勢を入れて同十一日には佐和山城に着城したという。

北近江に軍勢を派遣し、長浜城を攻略する手筈《てはず》だったが、勝家から和議の使者として金森長近、中村掃部《なかむらかもん》が派遣され、勝豊が人質を出したため、秀吉は和睦を承認。長浜城を監視するため、横山城を強化し、佐和山城には実弟の秀長を配置、岐阜城の攻略に向けて進軍した。十二月十六日には大垣城に着き、稲葉一鉄をはじめとした西美濃衆を帰順させて人質を受け取り、各城に秀吉の軍勢を入れた。孤立無援となった岐阜城の信孝は降伏を申し出たが、秀吉は懲罰の意味も込めてすぐには許容しなかったが、十二月二十日には降伏を認め、翌二十一日、三法師を信孝から奪い取った。帰順しない美濃の国衆に対しては、信雄が「御名代」「御家督」となり、秀吉らが供奉《ぐぶ》しているとし、御礼に参上するよう脅している。信孝は、実母と息女を人質に出して降伏したが、岐阜城はそのまま維持することを許された。

受け身の戦略

この時期、秀吉の精力的な動きに比して勝家の動きは鈍いように見えるが、残存史料の不足によるもので、不明な部分が多いのが実情である。京都を押さえた秀吉の動きは、公家や僧侶の日記にも登場し、さらに秀吉自身が外交文書などに自らの戦況を喧伝《けんでん》したものが数多く確認できるため、動きが掴みやすい。現在、確認できる発給文書を見るだけでも、「天下取り」に邁進《まいしん》している秀吉の姿が浮かび上がってくる。

清須会議後、越前に帰国してから年末までの勝家の動きを確認してみよう。

天正十年(一五八二)八月三日、越中阿尾《あお》城主で佐々成政与力の菊池《きくち》右衛門入道に返書し、石動山合戦《せきどうさんかっせん》(石動山は能登・越中の国境)での武功を称賛し、今後もこれまで通り懇意にすることが大事であるなどと伝えている(『菊池文書幷系図』)。石動山合戦については、秀吉は早くも八月四日付で勝家の与力である不破直光に対し、その勝利を称えつつ、畿内については宿老衆とともに静謐にしており、西国方面も制圧していると報じている（『今村文書』）。表面上、両者の対立は見えない。

九月三日、丹羽長秀に返書（『徳川記念財団所蔵文書』）。尾張と美濃の国境紛争に対する勝家の考え、三法師の安土城への転居、家康と北条との戦況についての問い合わせなどである。追伸では三法師に不慮のことがないように各自が相談して熟考することが大事であると要望している。家康は九月十三日付で北条氏の背後の下野の宇都宮国綱《うつのみやくにつな》に対し、北条氏との対峙については、上方の羽柴秀吉、丹羽長秀、柴田勝家らが援軍に来るので優勢である旨を強調し、北条陣営に走らないように釘を刺している。信長時代の体制を強調することで優位に進めようとしていた。

この頃の勝家の考えが分かる数少ない史料が、十月六日付の堀秀政宛の勝家覚書写（『南行雑録』）である。五か条から成る。実質的には秀吉に宛てたものである。

①勝家としては、秀吉と決めた約束に相違はない。
②清須会議で決定したことが守られず、皆が不審に思っている。もともと秀吉と勝家は仲が良かったので、天下静謐のためにも腹蔵なく相談しよう。

③勝家は、清須会議で配分された長浜城に付随する領地以外は一切取り込んでいない。

④三法師様を岐阜城から移すことについては、信孝様にも丹羽長秀にもそのようにすることを伝えている。

⑤本能寺の変後の混乱は一応は収まったが、まだまだ四方に敵がいるなかで、内輪揉めしている時ではない。上様がいなくても外敵を退治することが本筋である。上様は家康を助けるためにたびたび出馬されて武田氏を滅ぼした。北条氏は上様ご在世の時には命令を聞いていたが、変後は豹変《ひょうへん》し、家康と敵対している。織田家中が協力して北条氏を討ち果たせば、忠義であり、上様のお弔いにもなり、さらには天下の名誉である。しかし、そうしたことをせず、秀吉は自分の領地に新城（山崎城）を構築し、好き勝手に振る舞っている。これは誰を敵としての行動なのか。私（勝家）は人柄が悪い（「我人間柄悪候」）が、親しくして、上様がご苦労されて分国を治められた御仕置などを守って静穏にしていくべきところなのに、内輪揉めで敵に領国を奪われることは本意ではない。

以上である。「我人間柄悪候」の部分は、先に記したように勝家が自分の人間性を卑下したようにも読めるが、「我人」（勝家と秀吉）の「間柄」が「悪」くなったが、親しくしていこうと呼びかけているようにも解釈できる。秀吉は本能寺の変直前の時点でも勝家配下の溝江大炊允《おおいのじょう》（長澄《ながずみ》）と連絡をとっており、勝家との関係は巷間言《こうかん》われているほど悪くなかったと思われる。しかし、この時点では秀吉の傍若無人な独断専行を非難し、秀吉がそういう覚悟であるなら「無念至極」と結んでおり、実際にはもはや修復不能と悟っていただろう。秀吉も十月十二日付の書状で、勝家との関係修復を仲介しようという信孝の申し出を拒絶しており、対決は避けられない情勢になっていた。

越前を領国としている勝家としては、冬の間身動きできないため、養子の勝豊と謀り、和平の使者として、前田利家、不破直光、金森長近を上京させた（『豊臣記』）。『太閤記』によると、三人の使者は十月二十八日に北庄城を出発し、長浜城を経由して勝豊も伴い、十一月二日には秀吉の新城である山崎城に到着。秀吉の同意を得て同四日には帰国の途につき、十日夜に北庄城に帰着し、秀吉の返事を詳しく勝家に報告した。この時、利家、直光、長近、勝豊らは秀吉に籠絡されたとする見方がある。『太閤記』の記述は、詳細だが、どこまで信用できるか心許ない。使者が山崎城に到着した日、秀吉は在京していると思われ（『兼見卿記』）、京の秀吉を通り過ぎて山崎城に下着したことになり不自然である。『太閤記』の影響を受けたと思われる家譜類などもあり、注意を要する。また、『川角太閤記』には、利家は姫路まで下向したと記しているが、虚構であろう。秀吉の遺言覚書（『浅野家文書』）にある「大納言殿はおさなともたち（利家殿は秀吉の幼友達）」に影響されているのだろうが、利家が秀吉の竹馬の友だったかのような印象は少し見直した方がいいだろう。

『豊臣記』には、秀吉は勝家の深謀遠慮を推察して「扱いを止《や》め（和平を拒絶）」、十二月初旬に長浜城攻撃に向けて出陣したとある。『豊臣記』は信頼性の高い史料だが、秀吉を顕彰するためのものであり、秀吉の言動を真《ま》に受けるのは危険である。秀吉が和平を一方的に破って長浜城を攻撃したことを糊塗《こと》している可能性もある。

家康の家臣による『家忠日記《いえただにっき》』十二月十一日条には、甲斐国府中《ふちゅう》に在陣中の家康に対し、勝家から縮羅《しじら》三十巻などが送られてきた旨を記している。家康に音信し、自陣営に引き入れようとしたが、家康は十二月二十二日、美濃まで出陣していた秀吉に対し、信雄を擁立したことを祝し、援軍の用意があると伝えており、信雄・秀吉陣営に舵を切っている。翌年一月には、尾張国星崎《ほしざき》で信雄と会見しており、閏一月には信雄の安土入城を祝している。

勝家陣営の信孝は、信雄が織田家督に擁立されたことで危機感を募らせ、信長の「天下布《てんかふ》武《ぶ》」の印文よろしく、馬蹄形《ばていけい》の「弌剣平天下《いっけんへいてんか》」の印判を天正十年（一五八二）十一月頃から使い始めている。意味は「天下布武」と同じであろう。「一句定乾《けん》坤《こん》　一剣平天下（一句乾坤を定め、一剣天下を平らぐ）」から取ったもので、意味は「一言で森羅万象のあり方を決定し、剣を一度振るだけで天下すべてを平穏にする。悟りを得たうえでの一挙手一投足は、あらゆるものを穏やかにする。修行を完成した者の、天地すべてを自分の意志のもとに置くという気概とその確かな力を表す」（『充実茶掛の禅語辞典』）という。しかし、実力が伴わず、空虚な印文となった。信孝は十一月一日には吉川元春《きっかわもとはる》に音信（『吉川家文書』）し、毛利氏との連携を模索したが、毛利側は形勢を窺う姿勢であった。

2　秀吉と対決

信孝、一益らと連携

織田信孝の動きも含めて変後の大きな動きを確認しておこう。

清須会議において、柴田勝家が信孝を推したというのは、良質な史料からは確認できない。三法師が家督となることに反対した気配もない。旧主信勝の遺児信澄については、系図類には勝家が養育したように記されているが、信孝については、とくに親しかったということは確認できない。『川角太閤記』には、勝家が信孝を後継者に推戴《すいたい》しようとしたのは、信孝の具足初《ぐそくはじめ》（武家の男子が元服して初めて甲冑《かっちゅう》を着る儀式）を勝家が差配した関係で懇意だったという伝聞を記しているが、にわかには信用できない。また、（お市の再嫁が信長の生前だとして）お市を勝家に再嫁させるように信長に進言したのも信孝としている。勝家と信孝にそれほど接点があったとは思えない。信孝の室は滝川一益の息女という史料もあるので、一益を介しての付き合いはあったかもしれないが、清須会議後、羽柴秀吉の専横が激しくなったため結びついたに過ぎない。信孝が頼れるのは勝家しかいなかったともいえよう。

勝家と一益の関係も、どれほど親しかったかは確認できない。一益は、信長の老臣として各地で活躍し、最終的には武田氏討伐後、「関東管領《かんとうかんれい》」にも比すべき役割を与えられ、関東周辺の大小名はもとより、東北にかけての広大な地域の大小名の取次も命じられ、信長の方面軍司令官の中でも最大エリアの管掌を任された。信長に服属を申し出ている北条氏をより確実に「織田大名」化させ、徐々に影響力を行使していこうとする矢先に本能寺の変が勃発した。孤立無援となった一益は、北条氏の謀叛をいったんは食い止めたが、神流川《かんながわ》の戦いで敗戦し、木曽路《きそじ》を経由して本国の伊勢に逃げ戻ったという。すでに清須会議は終わっており、一益への加増はなかった。これを不満とした一益は秀吉に抗議し、その直後から一益は勝家と結んでいたように理解されているが、もう少し経過してからであろう。『石谷家《いしがい》文書』の（天正十一年）一月二十日付石谷頼辰《よりとき》宛斎藤利宗《としむね》（推測）返書によると、この時点でも一益は勝家方とも秀吉方とも旗幟《きし》を鮮明にしていなかったという風聞があった（「滝河は何とも見えいかぬ躰候《ていに》」）。表向きは旗幟を鮮明にせず、内々で勝家と通じていたのかもしれない。一益は信孝の家臣小島民部少輔《こじまみんぶのしょう》に伊勢国で砦を構築させていたが、これは反秀吉の行動であり、勝家と通じていたことの証左かもしれない。もっとも、この砦は信孝が秀吉に降伏したため、天正十年（一五八二）十二月二十六日付で秀吉・長秀・恒興の三宿老から砦を破却するように命じられている。一益との連携も清須会議後、秀吉の野心が現実的に見えてきた時期からであろう。

勝家が、信孝や一益と連携していたのは確かだが、彼らと情報交換した痕跡はほとんど確認できない。フロイスの書簡には、秀吉軍の攻撃を受けていた一益が勝家に急使を派遣し、勝家に出兵を促したと記しているが、子孫が大名として残らなかったため、史料が散逸したのだろう。

毛利氏に庇護されていた足利義昭も利用しようとしたが、実際には義昭からの要請に基づいたものである。勝家と秀吉の対立が決定的になった頃、義昭が勝家に帰洛に協力するように呼びかけてきた。十一月二十一日付で義昭は上杉景勝家臣の須田満親宛御内書《ごないしょ》で、「勝家に帰洛に協力するように伝えたところ、承知したので、景勝も勝家と和睦し、帰洛に協力するよう満親から異見してほしい」と要請している（『須田文書』）。しかし、景勝は和睦には応じていない（『片山光一氏所蔵文書』）。勝家は、翌天正十一年（一五八三）二月十三日、毛利方の吉川元春宛書状で、義昭の帰洛に協力するとし、三月二十日までに北近江に出陣すると伝えている。実際には、勝家は予定を早めて三月六日には北近江に進軍。もっとも、当初は二月三日に出陣予定していたのだが、準備が整わなかったようである。

勝家は中国の毛利氏だけでなく、四国の長宗我部氏も取り込んで義昭の帰洛作戦を遂行し、秀吉を挟撃しようと図ったが、秀吉陣営も義昭の帰洛には賛同しており、毛利方を対秀吉戦に利用することはできなかった（『吉川家文書』『毛利家文書』『石谷家文書』）。

秀吉の多数派工作に比して勝家の囲い込み戦略は芳しくない。それでも大坂本願寺とは友好関係を続けており、本願寺側は、勝家本人はもとより、嫡子の権六、佐久間盛政、徳山《とこのやま》秀現《ひであき》に音信している。当然ながら老練な本願寺は、秀吉陣営とも音信をしており、戦局がどちらに転んでも対応できるようにしていた。秀吉の勝利後には、「秀吉御本意」と記しているほどである（『鷺森日記』『貝塚御座所日記』）。

賤ヶ岳合戦前夜①

清須会議で長浜城を得た勝家は、丸岡城主で養子の勝豊に長浜城を任せた。秀吉との決戦を想定していたのなら別の選択肢もあったはずだが、よりにもよって勝家は養子勝豊に裏切られてしまう。勝豊は、佐久間盛政が養子の自分を差し置いて勝家に重用されていることを妬《ねた》み、後継者の地位も実子の権六に挿げ替えられた気配があり、勝家から心が離れていたと思《おぼ》しい。フロイスの書簡によると、勝家に対して「不満を抱いていたので反旗を翻し」たという。また、すでに死病に侵されていたことも大きいだろう。勝家の一族では勝豊だけでなく、前述のように柴田勝定も本能寺の変以前に勝家から明智光秀に転仕しており、家中の不和を制しきれなかったのも勝家敗北の遠因の一つかもしれない。

勝豊は勝家から離反しただけでなく、秀吉方として勝家に敵対したと見られている。勝家に見放されていたと感じていたのかもしれないが、寝返った秀吉側には大いに利用価値があり、手厚く保護された。秀吉は天正十一年（一五八三）三月二十一日付で当代の名医曲直瀬《まなせ》玄朔《げんさく》（正紹《まさつぐ》）に対し、大病を患っている勝豊が上洛するので養父の正盛《まさもり》も含めた医師たちで治療に専念するよう申し付けている。同日付で本法寺《ほんぽうじ》に対しても勝豊が在京中の宿にするので馳走（もてなし）するように指示している。勝家は長浜城を佐久間盛政に与えるつもりだったが、秀吉が古くからの親友である勝豊に与えるように希望したという説（『武家事紀』）もある。死を悟った勝豊は秀吉に越前を平定してほしいと遺言し、秀吉は涙をこらえてその死を惜しんだという。しかし、こうした記述はどこまで信用できるか心許ない。

勝豊の裏切りは時系列で見ていく必要がある。天正十年（一五八二）十二月、長浜城の勝豊は秀吉に人質を差し出して降伏したが、援軍を派遣できない勝家も了承してのことである（『小早川家文書』『鎌田善弘氏所蔵文書』）。この時点での病勢は不明だが、勝家の書状によると、いったん回復した気配もある。（天正十一年）閏一月二十九日付の勝豊宛の書状である（『大阪城天守閣所蔵文書』）。不明な部分もあるが、要約すると次のような内容である。

今日の夕方午後八時頃、松江に下着した。勝豊からの書状などを披見し、そちらの状況を理解した。心配していた病気が快復に向かっているとのことなので安心した。秀吉勢が出陣してくると聞き及んでいる。こちらも昨日（閏一月二十八日）から四か国（越前・加賀・能登・越中）の軍勢を動員している。秀吉軍が長浜城まで遠征して攻囲すれば、好機到来である。一戦して片を付ける。加賀国については、徳山秀現が今夜、こちらに来て状況を報告する予定である。勝豊、および勝豊の家臣が秀吉に差し出した人質が脱出したことは上出来である。二月三日には出陣する予定である。

勝家の書状では人質が脱出したように記されているが、秀吉の二月七日付、同九日付の書状を見ると、勝豊の宿老らが「人質七人」を秀吉に差し出してきた、と記している。最初に差し出した人質は脱出したのかもしれないが、改めて家老衆が七人も秀吉に差し出しており、勝豊の意思とは無関係に長浜城が秀吉方になった可能性もある。ただ、若狭の佐柿《さがき》に滞在していた丹羽長秀の二月二十七日付秀吉宛書状によると、勝家軍が進軍してきても、勝豊や堀秀政を配置しているので安心してほしいとしており、勝豊は完全に秀吉方のような書きぶりである。勝豊の罹病に触れつつ、長秀からも使者を派遣して油断のないように厳しく指示しているので安心してほしい、と伝えており、勝豊の周囲は秀吉方の手の者によって固められていたようである。勝豊の意向がどこまで反映できていたのか不明である。これを裏付けるように、賤ヶ岳の戦いに際しては勝豊の家臣が分裂し、勝家陣営に寝返った者もいる。秀吉の書状（『雑録追加』）によると、勝豊は四月五日時点でも療養のために在京していることが確認できる。死去日は諸説あるが、賤ヶ岳の本戦以前には病没していたようである。

賤ヶ岳合戦前夜②

賤ヶ岳の戦いに至る両者の動きを要約するとおおよそ次のようになろう。

秀吉は、丹羽長秀、池田恒興の宿老と謀って、信雄を織田家督に擁立し、三法師を手放さない信孝を討つ大義名分を得た。長浜城の柴田勝豊を降し、その勢いで岐阜城の信孝も降伏に追い込んだ。和議の条件として、三法師を信孝から差し出させ、信孝の実母と娘、さらに家臣からの人質も取ることに成功した。この間、勝家は雪国の越前でなす術《すべ》なく、勝豊の降伏を容認し、信孝の危急にも援軍を出すことができなかった。

秀吉は、機会あるごとに信雄を奉じている姿勢を示し、信雄を隠れ蓑《みの》として利用。勝家の背後を衝くため上杉景勝と結び、また、「織田家中」であった徳川家康に対しても信雄を利用して自陣営に引き込む算段を巡らせる。毛利氏に対しては、領国確定などの和睦交渉を進める一方、東国・東北はすでに秀吉に靡《なび》いているなどと秀吉一流の大法螺《おおぼら》を吹いて高圧的に自陣営への取り込みを狙い、勝家などは物の数ではないといった口ぶりでもあった。しかし、フロイスの一五八三年度の年報によると、秀吉は勝家について「主たる強敵と見てこれを大いに恐れていた」と評している。

秀吉は、美濃の国衆に対しても調略を巡らせ、信孝からの離反に成功する。勝家の動きを睨みながら、伊勢の滝川一益の討伐に向かう。前年に降伏した信孝は人質も差し出しており、秀吉は再度の謀叛には至らないと踏んでいた気配がある。一方の信孝は、最後まで叛意を秘匿し、勝家の北近江侵攻に合わせて岐阜城で蜂起する。秀吉が信孝の再度の「謀叛」を知ったのは信孝の蜂起後のようである。

勝家は、上杉景勝への手当は佐々成政に任せ、一益が秀吉軍の攻撃を受けたため予定を早め、北陸の軍勢を率いて北近江に出陣した。秀吉の背後を牽制《けんせい》するため、足利義昭の帰洛を認め、毛利氏に軍事行動を起こすように督促。四国の長宗我部氏とも連携し、高野山や伊賀衆も自陣営に取り込む。外交文書では勝家も強気の文言を並べているが、秀吉ほどの大風呂《おおぶろ》敷《しき》は確認できない。

一益は、国府《こう》城、亀山《かめやま》城、峰《みね》城などで頑強に抵抗したが、賤ヶ岳の本戦前に落城。信孝に至ってはこれといった軍事行動が確認できない。それもそのはずで、清須会議で美濃国を得たものの、信孝にとって美濃は疎遠な国である。美濃を得たからといって、美濃の支配者になれるわけではない。美濃の有力な国衆を従えることが重要だが、その時間もその縁もなかった。若くして北伊勢の神戸《かんべ》家の養子に入り、美濃とはほとんど縁がなかった。そもそも美濃は、織田家にとっても占領地ともいえる国であり、信長や信忠には従うが、単に信長の息子というだけで信孝に簡単に従うとは思えない。尾張国なら信長の父祖からの地盤もあり、信秀・信長・信忠の三代で築いた権威が後押しをして信孝を盛り立てた可能性があるが、美濃国ではそうはならなかった。さらに信孝にとって不運だったのは、養子先の神戸侍にとって信孝はよそ者であり、彼らも頼りになる存在ではなかったことだ。秀吉の力量を目《ま》の当たりにした神戸侍や美濃の国衆が、秀吉の硬軟織り交ぜた調略に応じるのはごく自然な流れでもあった。名目上の美濃の国主となった信孝だったが、動かせる軍勢は高が知れていた。これでは優勢な秀吉軍に立ち向かうことは不可能であった。

振り返ると、清須会議での織田領国の分配は秀吉にとっては妙を得たものであった。先入観なしに考えると、清須会議は、山崎の戦いに参加した陣営と非参加の陣営との対立だったともいえる。信孝は秀吉陣営だったはずである。他家に養子に入っていたとはいえ、山崎の戦いで名目上の総大将となった信孝が織田家督を相続するのが順当であろう。世間もそのように見ていた。フロイスの報告にも、秀吉は「三七殿をたいそう重く見ており、庶民は彼が三七殿を父に代わる殿様として擁立するであろうと考えるほどであった」と記している。信孝が尾張と美濃を得て織田家督になってしまえば、秀吉の台頭する余地がなくなってしまう。深読みかもしれないが、信雄に尾張を相続させることで織田家中を二分化するのが目的だったのかもしれない。

秀吉は信雄を伊勢の戦場に引っ張り出したが、万が一、信雄が勝家を討ち取る武功を挙げれば、織田家督に祭り上げたつもりだったものが、名目だけではなく実力も示すことになる。勝家を自らの手で葬ってこそ「天下人」になれると読んでおり、秀吉にとって賤ヶ岳の戦いこそが、天下分け目の戦いであった。勝利後に高揚した秀吉が認《したた》めた書状の文言「日本の治まりはこの時に候」にそれが表れている。

両軍対峙

賤ヶ岳の戦いの通説というのは、おおよそ次のような理解であろう。両軍が賤ヶ岳周辺の砦に籠城して持久戦となっていたが、秀吉が叛旗を翻した岐阜城の織田信孝を討つために転戦した隙を衝いて、勝家方の佐久間盛政が秀吉方の中川清秀《なかがわきよひで》、高山右近の砦を急襲して清秀を討ち取るなど緒戦で勝利を挙げたものの、勝利に奢《おご》った盛政が勝家からの帰陣要請にも応じず、戦場に留まっていたところ、秀吉が大垣から木之本まで強行軍で賤ヶ岳の戦場に戻ってきた（美濃大返し）ため、盛政がなす術なく撤退し、追い討ちをかけるように前田利家が戦場を離脱したことで勝家軍は総崩れとなり、勝家は決戦することなく、北庄城に敗走したというものである。諸説あるが、おおむねこのような流れだったと思われる。

中井均氏の『秀吉と家臣団の城』によると、秀吉軍の陣城は非常に巧妙な縄張り（設計）で築かれているのに対し、勝家軍の陣城は小規模で簡易な縄張りという。「これは南下して攻撃をしようとする勝家軍は兵の駐屯地としての陣城を構えたことに対して、迎え撃つ秀吉軍はこの防衛ラインを突破されないための巧妙な縄張りの陣城を構えたもの」と分析している。しかし、勝家の本陣となった内中尾山《うちなかおやま》の陣城だけは「非常に巧妙な縄張りで築かれており、その規模も賤ヶ岳合戦城塞群のなかで群を抜いている」とし、賤ヶ岳の戦い以前から構築されていたものと推測している。

『豊臣記』によると、勝家軍は五万余を動員し、軍勢を五段に分け、柳瀬《やながせ》に陣取ったという。五万という大軍は、敵方の人数を多く見積もる常套《じょうとう》手段であり、そのままには信用できない。天正十一年（一五八三）四月五日の早朝、勝家は天神山《てんじんやま》砦などを攻撃し、近辺の村落に放火したのち、柳瀬まで退いた。秀吉は、これに先立ち、勝家が北近江に出陣した情報を得て、いったん安土城に帰城し、五日の勝家軍の軍事行動を聞いて北近江に出陣。『多聞院日記』にも「敵以《もっ》ての外、強々《こわごわ》しき由なり」と記し、勝家軍が強勢である風聞を記している。

秀吉軍とは十町（約一・一キロメートル）から十五町（約一・六キロメートル）の距離で対峙したという。睨み合いが続くなか、秀吉は細川忠興を丹後に帰国させ、軍船を徴発して越前方面からの警戒に当たらせた。筒井順慶らもいったん帰国させた。秀吉自身も長浜に帰城した。賤ヶ岳の戦い直前の戦場では次のような布陣で対峙したと推測されている。

【秀吉軍】

左祢山《さねやま》（東野山《ひがしのやま》）　堀秀政
堂木山　木下一元《きのしたかずもと》ら柴田勝豊家臣、開戦前には秀吉軍と入れ替わる
神明山《しんめいやま》　木村定重《きむらさだしげ》、山路将監（正国《まさくに》）、大鐘《おおがね》藤八
田上山《たがみさん》（本陣）　羽柴秀長
賤ヶ岳　桑山重勝《くわやましげかつ》（重晴《しげはる》）など秀長の家臣
大岩山《おおいわやま》（尾崎《おざき》）　中川清秀
岩崎山　高山右近
木之本　蜂須賀正勝《はちすかまさかつ》、生駒親正《いこまちかまさ》、神子田正治《みこだまさはる》、赤松則房《あかまつのりふさ》、同広秀《ひろひで》、黒田孝高《くろだよしたか》、明石則実《あかしのりざね》、一柳直末《ひとつやなぎなおすえ》

海津口《かいづ》・敦賀口は丹羽長秀の軍勢が警戒に当たった。柴田勝豊は与力の大鐘藤八、山路正国を派遣し、越前との国境の片岡天神山《かたおかてんじんやま》に砦を構築していたが、敵陣に突出していることから堂木山砦に後退した。堂木山砦には勝家方から調略の手が伸びている風説があり、秀吉は大鐘藤八、木下一元、山路正国を外構えに移し、入れ替わって木村定重を守備に入れた。山路正国は謀叛が露見し、人質の妻子を捨てて勝家の陣中へ走った。

秀吉軍は、左祢山砦―堂木山砦―神明山砦のラインで勝家軍の南下を防御する布陣である。

【勝家軍】

内中尾山（玄蕃尾城）　柴田勝家
林谷山《はやしたにやま》　不破直光（毛受《めんじょう》兄弟とも）
山寺山《やまでらやま》　原政茂
中谷山《なかたにやま》　前田利家（原政茂とも）
池原山《いけはらやま》　浅見対馬守《あさみつしまのかみ》
橡谷山《とちたにやま》　徳山秀現、金森長近
行市山《ぎょういちやま》　佐久間盛政
別所山《べっしょやま》　前田利家父子（父子移動後は拝郷家嘉とも）

賤ヶ岳の戦いといえば、羽柴秀吉の子飼いの武将七人が活躍したといわれる「賤ヶ岳の七《しち》本鑓《ほんやり》」が著名だが、実態はどうだったのだろうか。また、両軍の配置図というものが掲載されているものもあるが、良質な史料による根拠は乏しいように思われる。遺構の調査などは進展しつつあるようだが、どの武将がどの砦を守備していたのかは、じつは分かりにくい。

決戦賤ヶ岳①

決着がついたのは天正十一年（一五八三）四月二十一日。合戦の様子というのは、意外なほど分かっていない。賤ヶ岳の戦いについても数多くの軍記物が伝わっているが、信頼できるものは少ない。

賤ヶ岳の戦いに関しては秀吉の命で執筆された『柴田退治記』（本書では主に『豊臣記』を利用）がある。秀吉による「官撰《かんせん》」という側面はあるが、同時代の史料であり、まとまった軍記物としては最も信頼度が高いだろう。小瀬甫庵《おぜほあん》（儒学者、医者）の『太閤記』は史料的価値が低いとされるが、その他のいわゆる「賤ヶ岳合戦記物」に比べると、まだしも使える部分があろう。全体的な流れでは、関係者が発給している書状類にもその一端が記されている。また、伝聞になるが、京都や大和などの寺社や公家の日記類にも情報が記されている。

これらを総合して当日の戦いを確認してみよう。

戦線は膠着《こうちゃく》状態となったが、秀吉が美濃へ転戦した留守を衝いて、四月二十日、勝家軍が攻勢に出た。佐久間盛政が大岩山の中川清秀を急襲し、猛将清秀を討ち取った。迂回《うかい》して奇襲する軍事行動であり、失敗する恐れも大きい作戦であった。『兼見卿記』同日条には、北近江で戦いがあり、中川清秀が討死した情報を記している。『多聞院日記』四月二十二日条には、四月十九日のこととして、北近江で一戦があり、清秀が討死し、六百人余りが討ち取られ、羽柴方の城が四つ勝家側に奪取されたという情報を記している。ともに断片的な情報である。

『豊臣記』などによると、勝家は寝返った山路正国から秀吉軍の情報を得て、佐久間盛政を大将として派遣。盛政は余呉《よご》湖を迂回し、中川清秀が守備する大岩山砦を急襲した。陽動作戦として勝家父子は、堂木山、左祢山を急襲すべく陣を進めた。清秀は賤ヶ岳の戦いで討死したため、あまり評価されていないようだが、信長からは中国地方で二か国の宛行《あてがい》を約束され、秀吉も兄弟の契りを結ぼうとしたほどの武将である。『豊臣記』にも、これまでもたびたびの武功を挙げ、その武勇は天下に知られた侍、と高く評価している。この時討死しなかったら、豊臣政権内で大きな権限を持っていた可能性もある。

中川清秀は、この合戦を天下分け目の戦いと自覚しており、無様な戦いをすれば生涯の不覚になると覚悟した上で、率いる一千余騎の将兵に対し、退くなかれと訓示し、大岩山砦から出撃した。佐久間盛政は清秀勢を包囲殲滅《せんめつ》しようと数刻戦い、対する清秀も精兵五、六十騎を率いて白兵戦を展開し、一時は押し返したが、盛政は損害を被りながらも猛進し、ついに清秀を討ち取った。討ち取ったのは盛政の家臣近藤無一《こんどうむいち》という。清秀の首級を本陣まで持参し、首実検した勝家から褒美として脇差《わきざし》を下賜された。無一の直系は絶えたようだが、一族といわれる者が、この縁故で中川家に仕えたという（『故老伝説集録』ほか）。

中川清秀よりも北側の岩崎山砦を守備していた高山右近は、秀吉方の本陣である田上山砦へ敗走した。右近がこれといった抵抗も見せなかったことで、勝家方に寝返ったという見方もあった。合戦後になるが、『多聞院日記』五月十六日条には、秀吉の軍勢が右近の高槻《たかつき》城を攻撃するという噂が書き留められている。瀬田の山岡景隆・景佐《かげすけ》・景猶兄弟や大和の国衆も勝家に内通していたという。敗戦後、捕虜となった佐久間盛政が白状した情報である。

また、溝口秀勝は、勝家方には柿本蔵人を、秀吉方には加藤清重《かとうきよしげ》を派遣したという（『世臣譜』）。秀勝はどちらに付くか決めかねていた可能性もある。堀秀政の家臣馬淵《まぶち》与右衛門（定明《さだあき》）は、賤ヶ岳の戦いの時、勝家陣営に身を投じたという。もともと近江衆として勝家に仕えていた可能性もあろう。定明は討死したとも、のちに秀吉の命で切腹したとも伝わる（『先祖由緒并一類附帳《せんぞゆいしょならびにいちるいつけちょう》』『関屋氏諸系』『当邦諸侍系図』）。

『浄信寺文書《じょうしんじ》』などによると、勝家は、盛政からの攻撃許可要請を何度も却下していたが、ようやく六度目に許可を与え、中入り作戦（対陣中に一部の兵が抜けて、敵を不意討ちすること）の危険を予想して、一つの城を攻撃したら、すぐに本陣に戻るように指示し、盛政も了承した上で出撃したという。勝利後、勝家は予定通り、盛政に本陣に引き取るように促したが、盛政は勝ちに奢り、在陣を続けた。賤ヶ岳の敗因を盛政の軽率な行動とする説が多い所以である。『豊臣記』でも、勝利後、直ちに引き返していれば、いっときの勝利を得ていたとしており、盛政の奢りが敗戦を招いた、と勝者側の秀吉の記録にもある。勝家が盛政の帰陣を命令したことは良質な史料からは確認できないが、歴戦の将であり、戦略眼の優れていた勝家であってみれば、盛政の帰陣を促したことは十分あり得る。盛政軍は秀吉方の城砦群に包囲されるかたちになり、危険極まりない陣所である。これに気がつかない盛政ではなかったはずだが、秀吉軍が守りを固めて攻勢に出る気配がなかったことも在陣を続けた理由の一つかもしれない。他方、盛政の軍勢は疲労困憊《こんぱい》しており、引き取ることができなかったともいう。また、勝家からの再三の帰陣命令に応じなかったのは、この勢いをもって勝家軍本隊を前進させ、秀吉軍の本陣である木之本を攻撃しようと勇んでいたからともいわれる。

信孝の書状写《うつし》（『川辺氏旧記』『小里家譜』）には、勝家軍が高山右近と中川清秀の砦に攻撃を仕掛けたところ、秀吉の弟秀長が援軍として駆けつけたため、逆に秀長軍を数百人討ち取り、その勢いで右近と清秀の砦に攻めかけて占領したとある。清秀だけでなく右近も討ち取ったという誤情報も記している。

大垣で岐阜城攻めを予定していた秀吉は、午前十時頃にこの敗報を受け取った。戦局が動いたことで好機到来とばかり戦場に駆け戻った。勝家が攻勢に出てきたことで雌雄を決することができると歓喜したという。大垣から垂井《たるい》、関ヶ原、伊吹山《いぶきやま》の山麓を経て、木之本の本陣に着陣したのは午後八時頃となっていた。大垣を午後四時頃に出立し、午後八時頃に木之本に着陣。十三里（約五十二キロメートル）を約五時間で走破したことになる。時速十キロメートル以上のスピードであり、「古今希有《ここんけう》働《のはたらき》也」と称賛されている。この秀吉の「美濃大返し」が、ある意味では「奇跡」を呼んだともいえる。戦場に戻った秀吉は、勝家軍の突出を視認して勝利を確信し、「我は天下の主になる」と小躍りしたという。

決戦賤ヶ岳②

四月二十一日の本戦については『豊臣記』の記述が最も信頼できよう。秀吉は天下分け目の戦いと自覚した上で、勝家軍に向かって突撃した。秀吉の馬廻衆に秀長軍が加わり、三方面から進軍。意外なことだが、秀吉軍は無勢だったとしている。細川忠興や筒井順慶は帰国しており、宮部《みやべ》継潤《けいじゅん》は毛利氏への押さえとして因幡に在陣、仙石秀久《せんごくひでひさ》も四国の押さえとし

て淡路《あわじ》に在陣、池田恒興は根来《ねごろ》・雑賀《さいか》への押さえとして賤ヶ岳には参陣していなかったため
とし、馬廻衆も美濃大返しで遅れる者が多かったという。前日討死した中川清秀や敗走した
高山右近以外の大物の与力衆は参陣していなかった。

このため、秀吉と秀長の馬廻衆が活躍し、七本鑓が活躍する素地があった。午前六時頃か
ら午後四時頃まで激闘を繰り返し、双方ともに疲労の色が見えた時、秀吉が若侍の近習二、
三百人を勝家の本陣へ突撃させた。白兵戦で勝利を得た秀吉軍は追撃して五、六千人を討ち
取り、残兵は山中に逃走した。勝家は近臣百人余を率いて北庄城へ帰城。活字本によっては
「賤ヶ岳七本鎗」という仮の見出しを付けているものもあるが、『豊臣記』にはそうした記述
はない。「一番鑓」として、福島市松《ふくしま》（正則《まさのり》）、脇坂甚内《わきさか》（安治《やすはる》）、加藤孫六（嘉明《よしあき》）、加藤虎
助（清正《きよまさ》）、平野権平《ひらの》（長泰《ながやす》）、片桐助作《かたぎり》（且元《かつもと》）、糟屋助右衛門尉《かすや》（武則《たけのり》）、桜井左吉《さくらい》（家一《いえかず》）
の八人を載せている。石川兵助《いしこう》（一光《かずみつ》）は一番に駆け入ったが、討死したとし、舎弟の長寿《ちょうじゅ》
（頼明《よりあき》）を召し出して家督を継がせた。秀吉はこの九人を宴席に招き、領地などを与えたと
いう。石川一光は、勝家の侍大将の拝郷家嘉と戦い、両者ともに討死したという。また、勝
家方の宿屋七左衛門は加藤清正と鑓を合わせたと伝わる。

合戦の様相を要約すると以下のようになろう。佐久間盛政は秀吉の急な着陣を見て、総攻
撃される前に撤退しようとしたが、秀吉軍に猛追されて敗走。勝家は立て直して決戦しよう

とした。だが時すでに遅く、毛受勝介は北庄城で名誉の最期を遂げるよう勝家に進言し、自らは金の御幣の馬印を借り受けて勝家の身代わりとなって壮烈な討死を遂げたという流れである。金の御幣は奪い取られ、勝利の証《あかし》として京都まで運ばれた（『兼見卿記』）。

四月二十一日の合戦については秀吉自身の書状にも記されている。勝者であるだけに多少の誇張はやむを得ないが、史料的価値は高い。差出相手によって表現が異なることにも留意する必要があるが、合戦当日の書状を確認してみよう。

美濃国の高木貞利《たかぎさだとし》宛書状には、午前十時頃に合戦を開始して勝家勢を切り崩し、勝家や佐久間盛政をはじめことごとく討ち果たした。先陣部隊はすでに越前の府中に殺到しており、明日には秀吉も越前国に入る予定である、と伝えている。もちろん、勝家と盛政を討ち取ったというのは、戦果を誇張するための虚報である。

堀秀政宛書状には、秀吉本軍の諸卒は疲労困憊しているのですぐに進軍できないが、秀政の兵は疲れていないだろうから、油断なく夜行軍で府中まで進軍するように指示。フロイスの書簡によると、秀政の東野山砦は勝家本隊に攻囲されていたとしており、秀政の兵は本格的な戦闘をしていなかったことが判明する。秀政に対して多少の非難を込めた指示だが、逆に言えば、秀吉と秀政の間柄はこうしたことを直接指示できるほど親しかったことの表れでもあろうか。勝家と与力衆との関係とは異なるようである。

合戦当日の書状は二通しか確認できないが、その後、戦果は誇張して発信されていく。四月二十五日付の宇喜多秀家宛の書状には、四月二十一日に柳瀬方面で三回にわたって合戦を繰り広げ、五千余を討ち取ったとする。同二十六日付の小早川隆景宛書状や翌二十七日付毛利輝元宛書状も同様の記述だが、佐久間盛政を討ち取ったと知らせている。戦果を過大に知らせるのは常套だが、秀吉の場合はかなり大胆な虚報が多い。

ひと月ほど経過した五月十五日付の小早川隆景宛の長文の返報になると、さらに詳しい記述が加わる。勝家は、織田信孝、滝川一益と結び、自ら四か国（越前・加賀・能登・越中）の軍勢を率いて出陣してきた。信孝と一益に対してはそれぞれ二万人の軍勢を派遣して対応し、勝家軍三万余人に対しては、秀吉は馬廻衆を三手に分けて攻撃を仕掛けた。勝家は、秀吉が若い時から数多くの武功を挙げている戦《いくさ》巧者であり、三度まで突撃を繰り返して目を驚かせるような戦いぶりであった。午前六時頃から午後二時頃まで激闘を続け、勝敗は決しなかったところ、秀吉は合戦の勝機を見極めて小姓衆だけで勝家の旗本へ突撃したことで勝家本陣も崩れ、五千余人を討ち取り、勝家軍は総崩れとなり敗走した、という内容である。戦果については、のちの書状では七千余にまで拡大している（『福島於菟吉氏所蔵文書』）。

秀吉の書状の内容をそのまま信用するのは危険だが、最終的に秀吉の馬廻衆だけで勝家軍を打ち破ったという理解は、前述のように有力な与力が不在であってみれば、あながち誇張ではないだろう。ではなぜ、勝家軍は敗退したのかという疑問が湧《わ》く。勝家軍も、積極的に戦闘に参加したのは佐久間盛政・安政・勝安兄弟と勝家の馬廻衆くらいだったのではなかろうか。

賤ヶ岳の戦いに参戦しなかった佐々成政が戦後に赦免されたのは不思議ではないが、参陣したと思われる前田利家、不破直光、金森長近、原政茂らは生き残っており、「奮戦」したとは思えない。もともと「織田家中」であり、勝家は寄親《よりおや》（親子に擬制した主従関係における主人）に過ぎない。互いに関係の深い友人・知人、縁戚などもあったに違いない。推測に過ぎないが、やはり秀吉に勢いがあるのは感じていただろう。傷が浅いうちに退却し、「身内」の秀吉に降伏すれば、悪いようにはされないと思っていた可能性もあろう。

疑惑の動きをしたといわれる前田利家の動向ははっきりしないが、合戦前の利家の書状を見ると、戦意横溢《おういつ》とはいえないまでも、当然ながら勝家陣営としてのものである。しかし、『当代記』には、利家は秀吉方に寝返って勝家軍を攻撃し、勝利に貢献したとしている。『豊《とよ》鑑《かがみ》』も、利家は昔から秀吉と親しかったため、秀吉に内通していたとしている。事前の内通は信じがたいが、積極的に戦ったとは思えない。前田家の記録などには、先鋒の土肥但馬《どいたじま》のほか、横山半喜《よこやまはんき》、奥村《おくむら》孫助らが討死したとしている。また、利家に従って参陣したという長連龍《ちょうつらたつ》の家臣についても、村井左京、浦野《うらの》孫右衛門らが討死したという。討死した者がいたから、利家は賤ヶ岳で戦ったという根拠にしているが、退却戦で討死した可能性もあろう。賤ヶ岳の戦いというのは結局のところ、大筋では勝家と佐久間盛政兄弟の軍勢と、秀吉・秀長兄弟の軍勢との戦いだったといえようか。

北庄城へ敗走

賤ヶ岳の戦いで敗れた勝家は、北庄城めざして敗走した。おそらく北庄城で再起を図ろうとは思っていなかっただろう。十年前に朝倉軍を追撃したことが脳裏によぎったのではなかったか。前回は勝者側だったが、今度は敗者側である。もはや再起は望めないことは賢明な勝家には重々分かっていたと思われる。朝倉義景の最期を知っているだけに、北庄城で華々しい最後の一戦を飾って幕を下ろすつもりだっただろう。秀吉の書状には勝家は四、五騎で敗走したとあるが、『豊臣記』には近習百余騎を率いて北庄城に馳せ帰ったとあり、これくらいが妥当なところである。

敗走した経路ははっきりしない。『豊臣記』も触れていない。通説では、前田利家の旧領だった府中城に立ち寄ったとされている。前田家の史料には、利家の家臣たちは秀吉への手土産として立ち寄った勝家を討ち取るように進言したが、利家にたしなめられたという逸話があるが、そのままには信用できない。いろいろ尾鰭《おひれ》が付き、敗残の勝家は利家に対し、利家は秀吉と親しいのでこれからは秀吉に付くように進言したとか、また、賤ヶ岳の敗戦は利家の戦場離脱が引き金となったが、勝家はそれを責めることなく、湯漬けと馬を所望し、北庄城に向かったなど、勝家の人柄を偲《しの》ばせる逸話もある。

『秀吉事記』などによると、秀吉は合戦翌日の四月二十二日、府中に陣を進め、前田利家、徳山秀現、不破河内守（通説では光治とされるが、嫡男直光も河内守を名乗ったとする史料があり、直光の可能性がある）らは降伏。本来であれば、攻め殺すべきだが、勝家を討ち果たすことを優先し、赦免したという。秀吉軍と多少の攻防があったとする史料もあり、翌日に和睦したというのもある。

『川角太閤記』には、利家は秀吉軍を迎撃する準備を進めていたが、秀吉は単身乗り込み、利家・利勝《としかつ》（のち利長《としなが》）父子を懐柔し、北庄城攻めの先鋒として従軍させたという。小説のような内容であり、信用するに値しない。利家の息女豪姫《ごうひめ》がすでに秀吉の養女になっていたように記している。天正十年（一五八二）六月、中国大返しに際し、後顧の憂いをなくすため、豪姫と宇喜多秀家の婚約が成立していたという説もある。本能寺の変以前に秀吉が利家の息女を養女として迎えていたとは思えない。利家が秀吉に降伏した時、人質として受け取ったと推測する方が自然であろう。『村井重頼覚書《むらいしげより》』には、府中城への使者は堀秀政としており、この方がまだしも信用できよう。利家は秀吉軍の攻撃を覚悟していたが、旧知の秀政が使者となったこともあり、北庄城攻めの先鋒をすることで降伏が認められた。当初、勝家にも人質の息女（摩阿姫《まあひめ》）を出しており、勝家を裏切ることはできないと拒否したが、人質が脱出（勝家が解放）したという報を得て降伏したとも、勝家と秀吉の間を取り持とうという算段もあり、先鋒を引き受けたとする史料もある。

秀吉軍は、天正十一年（一五八三）四月二十三日には北庄城に攻め寄せた。北庄城は、勝家が長年かかって築城した城郭であり、留守部隊として三千余人を配置しており、これに敗残兵が加われば敵が勢いを盛り返す恐れがあるため、秀吉は総攻撃を命じ、天守の土居まで攻め寄せた。秀吉昵近《じっきん》の古老衆は勝家の助命を評議したが、勝家を恐れる秀吉は却下し、力攻めを続けた。

『賤箇嶽記《しずがたけき》』には、秀吉は北庄城を見下ろすことのできる愛宕山《あたごやま》へ布陣して城内を遠望し、老人や女性しかいないなか、旗指物《はたさしもの》で城を飾り立てるなどの差配を見て、近習の者どもに「武将はかくぞ嗜《たしな》むべきものなり」と勝家を褒めたという。勝家はすでに諦観《ていかん》しており、天守に入り、股肱《ここう》の家臣八十余人を集め、最後の酒宴を開き、信長から拝領した天下の名物の道具類を広間から書院に飾り立てた。お市に対しては、信長の妹であり、縁戚も多く、秀吉も丁重に扱ってくれるので落ち延びるように諭した。しかし、お市はそれを拒絶し、ともに自害することを希望した。

自害の前夜に詠んだ辞世の句（読みやすく修正した）は、次のように伝わる。

さらぬだにうちぬる程も夏の夜の　夢路をさそふ郭公《ほととぎす》かな

小谷御方《おだにのおかた》（お市）

夏の夜の夢路はかなき跡の名を　雲居《くもい》に上げよ山郭公《やまほととぎす》

返し（勝家の返歌）

北庄城での最期

翌四月二十四日の午前四時頃、秀吉は、天守に籠る勝家を総攻撃する。『豊臣記』には天守は安土城を凌《しの》ぐ九重であったとし、「石の柱、鉄の扉」の堅牢さを備えていたと記す。天守周辺には多数の楼閣《ろうかく》が立ち並び、廊下で連結させ、天守には精兵三百余人が籠城し、弓・鉄炮、長道具（鑓など）をもって大軍の秀吉軍を待ち受けた。大軍での攻撃が難しいと判断した秀吉は、六具《りくぐ》（六種で一揃いの武具）を装備した勇士数百人を選抜し、手鑓と打物《うちもの》（刀剣）だけを携えて天守の内部へ突撃させた。最期を悟った勝家は天守の九重目に登り、秀吉軍に向かって「勝家、唯今《ただいま》腹を切るの条、敵中にも心ある侍は、前後を鎮め見物し、名を九夷八蛮《きゅういはちばん》までは相伝うべき由、高声《こうしょう》に名乗」った。

四月二十六日付の秀吉の書状によると、「天守へ取上、妻子以下刺殺、切腹、廿四日辰下《たつのげ》剋相果候《こくあいはて》」とある。勝家は天守で妻子らを刺殺し、自らは二十四日午前九時頃に切腹して果てたということになる。

秀吉の書状は、時期や相手によって矛盾したことも記している（後年になると、賤ヶ岳の戦いの年次を天正十二年とするなど信用できない側面もある）。最も詳しいものの一つが、合戦後ひと月近く経過した五月十五日付小早川隆景宛書状（『毛利文書』）である。誇張もあると思うが、当時の雰囲気が出ているので紹介しよう。ただし、長文なので九か条目のみを現代語訳する。

北庄城は石垣を高く構築し、天守は九重の高層であり、そこへ勝家は二百人ほどで籠城した。城内は狭く、大軍で攻め寄せれば、互いの武器によって手負い・死人がたくさん出ることが予想されるので、精兵を選び、天守へ刀剣のみで突撃させたところ、勝家は日頃から武辺を心掛けている武士だけに、七度まで切って出て戦った。しかし、防御できず、天守の九重目まで上がり、秀吉軍に言葉をかけ、「勝家の切腹の仕方を見て、後学にせよ」と呼びかけた。心ある侍は涙を流し、鎧の袖を濡らし、あたりはひっそり静まり返った。勝家は、妻子をはじめ一族を刺殺。勝家に最も親しい八十人余りの者が切腹し、午後三時頃に全員が死去した。

勝家の最期が手に取るように分かる文面であり、文芸作品のような記述である。文面構成は、大村由己のような御伽衆《おとぎしゅう》（主君の側近くにあって話し相手をする役）、もしくは右筆の手になるものと思われる。前述の『豊臣記』と似通っており、秀吉の書状などを下敷きにして仕上げたのだろう。勝家が自害してから全員が果てるまで六時間もかかっていることになるが、天守に火が掛けられているので、その確認が済んだ時間なのかもしれない。

勝家の最期については、フロイスの書簡にも触れられているので、長くなるが紹介しよう。

彼はすでに六十歳になるが、はなはだ勇猛な武将であり、また一生を軍事に費やした人である故、広間に現われると彼に侍していた武士たちに向かって、予がここに入るまで逃れてきたのは武運によるものであって、予が憶病なためではないが、もし予の首が敵に斬られ、予と汝らの妻子や親戚が侮辱を受けるならば、我が柴田の名と家を永久に汚《けが》すこととなる故、予はただちに切腹し、この身は敵に発見されぬよう焼かせるであろう。もし汝らに敵の赦《ゆる》しを得る術があるならば、その生命を永らえさせることを予は喜ぶであろう、と簡明に語った。（中略）城の各部屋と広間にはすでに沢山の藁《わら》を積み、戸や窓もことごとく、堅く閉じ、城を包囲する敵に向けて城内から銃を一発も撃たなかった。城外の兵士らは内からまったく武器の音がせず、陽気な歌声が盛んに聞こえてくることに驚いた。事ここに至って柴田は藁に火薬を撒《ま》き、家屋が燃え始めると誰よりも早く信長の姉妹で数カ月前に娶った妻とその他一族の婦人たちを殺し、続いて短刀で己れの腹を十字に切り、その場で息絶えた。他の武士および彼と共に城内にいた残る人々も皆、同様にまず己れの愛する妻子を殺した。（中略）羽柴やその他の敵に城内で起こったことを完全に知らせるため、柴田は死ぬ前に諸人から意見を徴した上で、話術に長《た》けた身分ある老女を選び、右の出来事のいっさいを目撃した後、城の裏門から出て敵に事の次第を詳しく語らせた。

こうして、信長の時代の日本でもっとも勇猛な武将であり果敢な人がこの地で滅び灰に帰した。

この老女が勝家の最期を語ったとすれば、信憑性は高いだろう。フロイスも間接的にこの情報を得ていたのかもしれない。女房衆で生き残った者が勝家の最期を伝えたようである（『村井重頼覚書』）。勝家の最期は悲壮だが、見事としかいいようがない。

太田牛一の自筆本『大かうさまくんきのうち（太閤様軍記の内）』は簡潔に次のように記している（意訳）。

柴田勝家は、信長公の家臣の中で隠れなき武辺者である。信長公が平定した大国である越前国の支配を任せられていたのだから、本能寺の変後は、明智光秀に対し弔い合戦をすべきであった。それができなかったのなら、光秀を滅ぼした秀吉を盛り立てるべきであった。それなのに、信孝殿と結んで天下を取ろうとし、能登・加賀・越前の三か国の軍勢を動員して進軍し、秀吉配下の桑山重晴が守る賤ヶ岳を攻撃した。これを聞いて秀吉公は救援に駆けつけ、賤ヶ岳で柴田軍を打ち破った。勝家は北庄城に逃げ延びたが、秀吉軍に攻囲され、最期を悟り、一門・親類三十余人が切腹し、天守に火を掛けて焼死した。

勝家の遺児

お市の連れ子の三人の息女については、富永新六郎を付けて秀吉の陣へ送り届けたとも、老臣の中村宗教が付き添ったともいう。ただし、宗教は辞世を詠んでおり、燃える天守の炎の中へ飛び込んだとも伝わる。三姉妹は一乗谷で保護されたともいう。『当代記』は、乳母《めのと》の才覚によって脱出できたとしているが、お市の息女は三人ではなく、お茶々とお江の二人としている。もう一人の息女お初はお市の実子ではない可能性もあろう。

長女といわれる茶々（淀殿）は後年、秀吉の後継の豊臣秀頼を生んだのち、勝家の十三回忌となる文禄《ぶんろく》四年（一五九五）四月二十一日に「始観浄金大禅定門」（柴田勝家）を供養している（『江州浅井家之霊簿』）。継父だったのは半年ほどに過ぎないが、勝家に対する感謝の思いもあったのだろう。

次女といわれるお初は京極高次《きょうごくたかつぐ》に嫁したが、京極家の史料（『佐々木京極家記録』『京極家譜』）には、天正十年（一五八二）に嫁したように記しているものがある。本能寺の変後、光秀方となった京極高次は秀吉の追及を逃れ、北庄城の勝家を頼って落ち延び、この時、従妹のお初を娶ったという。勝家が京極家を味方に付けるために縁組したと推測する説もある。しかし、同様の史料（『高次事跡』）には、勝家に庇護されていた「後」に高次に嫁したとしており、前記史料は単に「後」を落としているに過ぎない。天正十年に高次と娶《めあわ》せる必要もなく、状況的にも考えにくい。ちなみに、お初は嫉妬深く、懐妊した侍女（側室）を殺害しようとしたこともあったという（西島太郎「京極忠高の出生─侍女於崎の懐妊をめぐる高次・初・マリア・龍子─」）。

三女のお江は、小谷城が落城した年に生まれており、小谷城で生まれたとも、身重のお市が岐阜で出産したともいう。佐治信吉《さじのぶよし》（一成《かずなり》）に嫁し（異説あり）、次いで羽柴（豊臣）小吉《こきち》秀勝《ひでかつ》に再嫁、さらに秀勝没後は徳川秀忠《とくがわひでただ》の正室となり、三代将軍家光《いえみつ》らを儲けた（異説あり）。

賤ヶ岳の戦いに従軍していた勝家嫡男の権六と佐久間盛政は敗戦後、勝家とは別行動となり、山中を逃走していたが、府中の山林で生け捕りになった。『浅野家伝記』によると、権六と盛政は浅野長吉《あさのながよし》（長政《ながまさ》）の手の者が生け捕ったという。『豊臣記』では勝家父子は同陣していたようだが、敗戦の混乱のなか、権六は勝家とは別行動をとったのだろう。権六は勝家の嫡男であり、信長の息女を室としていた。宣教師の記録には「武士並びに民衆がことごとくこの柴田殿の嫡子を深く尊敬している」と評されている。また、信長は女婿の権六に越後国を与える朱印状を発給したともいう。

秀吉は、捕縛した二人を見せしめとして「隣国方々の城」を引き回した上で、権六は佐和山で誅殺、盛政は敵対の「張本人」として、車に乗せて洛中を引き回し、六条河原で誅殺し、権六の首と合わせて獄門に懸けた。『兼見卿記』天正十一年（一五八三）五月六日条によると、権六は佐和山辺で誅殺され、盛政とともに五月六日には上洛する予定と記し、権六は十四歳としている。五月十四日条には伝聞として、盛政は誅殺されたあと、首が京都に運ばれてきたと記している。宇治川のあたりで斬首されたとも、槙島で成敗されたともいう。権六が帯していた青江《あおえ》の刀（銘は莞爾《かんじ》）は、丹羽長秀から秀吉に進上されたが、長秀の嫡男長重《ながしげ》に元服の祝いとして贈られたという。権六の処刑で勝家の嫡流の血統は絶えた。

終　章　勝家王国の崩壊

勝家没後の北陸世界

柴田勝家が北庄城で自害したあと、羽柴秀吉による残党狩りが始まる。しかし、秀吉としては周囲に敵性勢力を抱えており、拙速でも北陸支配の安定を図る必要があった。秀吉の行動は素早い。天正十一年（一五八三）四月日付で越前国内や加賀国内に数多くの禁制《きんぜい》を下して治安維持を図る一方、所領の再編にも取り組んでいる。

四月二十五日、秀吉は加賀国に侵攻し、同二十八日には盛政の居城だった金沢城を接収。越後の上杉景勝に対し、共同戦線を約していたにもかかわらず出兵しなかったことを咎めたが服属を認め、人質を出したことで赦免した。

勝家の与力だった佐々成政は、賤ヶ岳には出陣せず、直接秀吉とは対決しなかったことで赦免され、上杉景勝との取次を任されている。もっとも、成政としては、信長の後継者となった信雄に仕えている認識であった（『照顕寺《しょうけんじ》所蔵文書』）。

勝家を裏切ったかたちになった前田利家は、秀吉軍の先鋒として、加賀国へ進軍し、小松城などを接収し、秀吉からは石川・河北両郡を与えられた。もともとは同じ「織田家中」とはいえ、直前まで敵対していた武将にしては破格の待遇ともいえよう。利家は四月二十七日付の家臣宛書状で「羽筑我らへ一段入魂《じっこん》候間、可心易候《こころやすかるべく》（羽柴筑前守秀吉は、私とは特別に親しいので安心してほしい）」と伝えており、利家の待遇は確約されていた印象である。その後、先輩格の丹羽長秀が死去すると、その後釜《あとがま》として北陸の重鎮として秀吉から重用されていくことになる。

勝家の与力衆のうち、不破直光、金森長近、原政茂、徳山秀現《とこのやまひであき》らは佐久間盛政に属して戦ったというが、これといった活躍は確認できない。不破直光は敗戦後、大野城で籠城を続けたが、利家の執り成しで赦免されたという。長近、政茂、秀現はいずれも赦免されており、賤ヶ岳の戦いで奮闘したとは思えない。敗戦後は、とくに抵抗することもなく、降伏したような印象である。『寛政重修諸家譜』には、長近は本能寺の変の情報を得るやすぐに摂津に出陣し、山崎の戦いでは秀吉に属し、賤ヶ岳の戦いに際しても秀吉側だったとしている。また、佐久間盛政の義兄弟の徳山秀現（勝家の姪婿《めいむこ》とも）は敗戦後、高野山に蟄居したというが、これまたはっきりしない。

盛政の弟三左衛門勝安は、賤ヶ岳の戦いで討死したようだが、生き残った安政・勝之の兄弟は落ち延びて秀吉への敵対を続け、のち曲折を経てともに大名として復活する。

秀吉とほぼ共同歩調をとってきた丹羽長秀は、勝家の旧領である越前国、および加賀国の能美・江沼両郡を与えられ、勝家亡きあとの北陸の統括として北庄城を居城とした。長秀が秀吉陣営に付いたことは、長秀の戦力以上に、信長旧臣に与える精神的な影響が大きかったものと推量される。秀吉の先輩格であり、羽柴名字の「羽」、諱の「秀」の偏諱を受けた可能性すらある恩人である。秀吉を天下人に押し上げた最大の功労者が長秀であった。もう少し長寿であれば、丹羽家の運命が変わっていたのはもちろんだが、豊臣政権の行く末も違ったかたちになっていただろう。長秀は天正十三年（一五八五）四月に死去。病魔に冒されており、病死は無念として、短刀で腹を刺して病根を取り出して自害したともいう。『兼見卿記』には、長秀の病気は「柴田亡霊の祟《たたり》」という噂《くみ》を記している。長秀は勝家と結んで秀吉に対抗し、織田家を擁護する立場だったが、秀吉に与したため、勝家の恨みを買ったという雰囲気があったのだろう。『当代記』には、賤ヶ岳の戦いの時、長秀は勝家方と記しているほどである。

伊勢で反秀吉の狼煙《のろし》を上げた滝川一益は、勝家が滅び、信孝が自害したのちも抵抗を続けたが、七月には力尽きて長島城を開城し、秀吉の軍門に降《くだ》った。

主家織田家

岐阜城の信孝は、頼みの勝家が敗死したため、もはや抗する術《すべ》はなかった。敗戦の翌日にはその情報を得ていたが、天正十一年（一五八三）四月二十三日付で最後まで信孝に忠節を尽くした小里《おり》助右衛門（光明《みつあき》）宛書状写《うつし》には、「近いうちに秀吉は敗北するだろう」などと何の根拠もない空言を弄《ろう》する一方、岐阜城の守備を厳重にしたと伝えるなど、いずれ秀吉軍の総攻撃が始まるのを覚悟していた。

信孝について宣教師の記録には「もっとも好かれ愛されていた」が、「美濃国では彼に与する者はほとんどなかった」と記されている。もともと神戸《かんべ》家の養子に入っていた信孝の直臣などは高が知れており、四国遠征では大軍を指揮する予定だったが、本能寺の変で寄せ集めの軍勢は四散した。最終的には神戸侍も信孝を見放して信雄側に寝返り、頼みの綱の中心であるはずの岡本良勝（信孝の補佐に付けられた信孝の母方の叔父）にすら裏切られた。美濃の国衆を味方に付けなければ、秀吉に対抗するのは不可能であったが、東美濃は秀吉方の森《もり》長可《ながよし》（森可成の後継者）の管轄下、稲葉一鉄など西美濃衆も秀吉側となり、四面楚歌のなか、異父兄の小島民部少輔や乳母《めのと》の子の幸田《こうだ》彦右衛門尉（孝之《たかゆき》）らだけが信孝に忠義を尽くした。

信孝の最期は諸説あってはっきりしない。秀吉が大垣から賤ヶ岳の戦場へ大返ししたあとは、信雄が岐阜城攻めを受け持ち、信孝を降伏に追い込んだ。秀吉は主殺しの汚名を避けるため、信雄を唆《そそのか》して信孝を自害に追い込んだという。通説では、降伏して岐阜城を出たのち、知多《ちた》半島の野間《のま》に移送され、信雄の使者から自害を勧められて、大御堂寺《おおみどうじ》で辞世の句「昔より主《しゅう》を討つみのの(身)(野間)まなれば　報いを待てや羽柴筑前」と詠んで自害したという。かつて源義朝《よしとも》（頼朝《よりとも》の父）が野間の地で家臣長田忠致《おさだただむね》（尾張国を望んだという）に討たれた故事を引いている。下の句を「をハりを待てや羽柴筑前」とするものも伝わり、「をハり」には終わりと尾張が掛けられている。信孝の自害した日は五月二日と伝わる（異説あり）。この年は閏一月があったので、数え方によれば、本能寺の変のちょうど一年後になる。秀吉は北陸平定の戦後処理のために加賀に在国していた時であり、信雄に命じて自害を唆すことができたとは思えない。

宣教師の書簡には、「城内にいた少数の兵と共に城を発ち、所領であった美濃国を出《い》で、羽柴の敵である滝川の傘下に入る決心をした。彼に随行した者たちは、これが有利な策とは思えず、途中で協議し、彼を殺して自分たちは羽柴を頼り、召し抱えるよう願い出るのが良いと考え、その通り実行した。かくして彼の一生は憐《あわ》れにも路上に消えた」という異説を載せている。

一次史料では、『多聞院日記』天正十一年（一五八三）五月十日条に「三七殿はノマのウツミにて腹を切られ了《おわん》ぬ云々、不便《（不憫）》のことなり」とある。『家忠日記』五月十八日条には「三七殿、尾張うつミにて腹御切候」とある。ともに伝聞だが、信孝は野間の内海で自害したようである。二次史料だが『当代記』も野間で自害したとある。

一方、秀吉が監修したと思われる『豊臣記』には、信雄が岐阜城を攻め、最期を悟った信孝は、髪を洗い、身を清め、香を焚《た》き、父信長から拝領した太刀《たち》で自害したとある。辞世の句は「たらちねの名をばくださじ梓弓《あずさゆみ》　いなばの山の露ときゆとも」。岐阜城（旧称は稲葉山城）で自害したことになる。太田牛一の『石山軍記《いしやまぐんき》外《ほか》色々《いろいろ》書込《かきこみ》』も岐阜で討ち果たされた、としている。

織田家督に祭り上げられ、宿敵信孝を自害に追い込んだ信雄だったが、秀吉にすれば、信孝亡き今、信雄の利用価値は格段に下がり、あとは謀叛の烙印を押されないよういかに無力化するかであった。秀吉から圧迫を加えられた信雄は、秀吉への「叛旗」を決意するものの、単独では抗すべくもなく、清須同盟を活《い》かし、いまや本国の三河に遠江・駿河・信濃・甲斐を加えた五か国に及ぶ「覇者」となった徳川家康の支援を求めた。長久手の局地戦では一時的な勝利を得たものの、総合力で勝る秀吉軍を圧倒できるはずもなく、実質的な降伏に追い込まれる。和睦に応じた信雄は、旧主家として敬意を払われていたものの、秀吉は四国、北陸、九州を平定したあと、関東の北条氏も降伏に追い込んだことで、もはや対抗できる大名はいなくなり、転封を拒んだという難癖をつけて信雄を追放した。のちに許されて秀吉の御伽衆となり、大坂の陣ではうまく立ち回り、戦後は大名として復活した。

織田家嫡流の三法師秀信は、叔父信雄が織田家の家督を一時的に相続したことで影が薄くなり、豊臣大名として成長した。関ヶ原の戦いに際しては、西軍方として岐阜城に籠城したが、東軍の先鋒となった福島正則、池田輝政《いけだてるまさ》（池田恒興の後継者）、細川忠興らの猛攻を受け、岐阜城下で戦闘を交えたものの、あっけなく降伏。信長の嫡孫という「貴種」であり、加えて織田家と縁の深い池田輝政が攻撃軍に加わっていたこともあり、助命されて高野山に追放となった。晩年は高野山の麓で過ごし、大名に返り咲くことなく若死した。

趣味・教養

さて、ここで勝家の人となりにも触れておこう。

勝家の趣味といえば、やはり茶の湯になろうか。勝家と茶の湯といえば、信長から拝領した釜「姥口《うばぐち》」（姥口とも）にまつわるエピソードが知られている。『当代記』にも記されており、史実に即していると理解していいだろう。勝家は天正九年（一五八一）二月二十四日、馬揃えに合わせて上洛したが、翌朝の茶会において姥口の釜の拝領を信長に直訴。信長はすぐさま取り出して媼口の釜を下賜したが、その時信長は「馴《なれ》あかぬなじみの中の媼口を　人に吸《すわ》せん事をしぞ思ふ」という歌を詠んだという。この釜は父信秀からの相伝の名物であり、信長が秘蔵していたのも当然であろう。

『茶窓閒話《ちゃそうかんわ》』はもう少し詳しく記している。信長手ずから点《た》てた茶を頂戴した時、勝家はいい機会だと思い、信長に対して、以前もお願いしていた媼口の釜を拝領できれば、老後の思い出はこれに過ぎるものはありません、と言上した。信長は、以前勝家が望んだ時、大功を立てれば与えると言ったのを忘れず、今回、加越を平定した功に鑑《かんが》み、心地良さそうに奥へ入り、信長自ら媼口の釜を持ってきて、「なれ〳〵てあかぬ名染《なじみ》の姥口を　人にすハせん事をしぞ思ふ」と口遊《くちずさ》みながら勝家に与えたという。

茶道具の書『大正名器鑑《たいしょうめいきかん》』によると、井戸茶碗《いどぢゃわん》（朝鮮茶碗の一種）の「柴田」は、もともと信長が所有し、戦功によって柴田勝家に下賜したことからその銘がついたと伝わる。そうした一方、勝家は茶の湯三昧《ざんまい》に耽《ふけ》る武将に対しては批判的だったという逸話もある（『名将言行録』）。

茶人とのつながりでは、永禄十二年（一五六九）二月、三好三人衆に味方したとして堺を糾弾するために佐久間信盛や森可成らとともに下向した時、上使衆として津田宗及に接待されている。この年の大河内城攻めの時にも、今井宗久から陣中見舞いを受けている。宗久には土佐氏の跡職《あとしき》について依頼されるなど交流が深かったようである（四四頁参照）。

当時の武士の嗜みの一つである連歌《れんが》については、信長同様に連歌に興じたことは確認できないが、勝家の和歌として「君が代を祈ると見えて神垣《かみがき》に　空よりかくる雪の白木綿《しらゆう》」というものが伝わっている（『戦国時代和歌集』）。『武者物語』には、勝家の詠んだ軍歌として「敵の地へはたらく時は夜《よ》をこめて　明《あけ》ぬ先より放火をばせよ」など数多くの歌が採録されている。また、勝家の名前を取り込んだ句もある。魚津城が落城したあと、竹股《たけのまた》三河守（上杉氏の家臣）は勝家を付け狙ったが、果たせずして自害し、その時の辞世が「阿修羅王《あしゅらおう》に我れ劣《おとら》めややがてまた　生れてとらん勝家が首」（『真書太閤記』）だったという。

信長同様に駿馬や刀剣も愛《め》でたと思われる。『賤箇嶽記』には、北庄城に帰城した時、信長から拝領した名物の道具類を広間から書院に至るまで飾り立てたという。

鷹狩については、天正三年（一五七五）に越前国を預けられた時、基本的には禁止されていたが、城地選定に事寄せて鷹狩を楽しんだ可能性はある。

勝家に絵筆の嗜みがあったとは寡聞《かぶん》にして知らないが、安土の摠見寺《そうけんじ》には「柴田勝家」の朱印を捺《お》した信長の画像「織田信長軍陣影」が伝わっている。ただし、朱印の意図するところや画像の来歴などは不明である（図録『柴田勝家―北庄に掛けた夢とプライド―』）。

墓所・子孫

福井市の西光寺《さいこうじ》が勝家の菩提所《ぼだいしょ》である。勝家に関するまとまった史料『柴田勝家公始末記』も伝来していた。同史料によると、山中長俊が旧恩により五輪塔を建てたという。戒名は「摧鬼院殿（前越前太守従五位下）台岳還道大居士」。福井市の北庄城跡の柴田神社には勝家の像など勝家にまつわる品が保存されている。また、滋賀県高島《たかしま》市の幡岳寺《ばんがくじ》の位牌《いはい》には「幡嶽寺殿籌山勝公大居士」（『飯綱の地をひらいた〝殿様〟—佐久間兄弟と長沼藩・飯山藩—』）とある。

尾張の地誌『張州府志』には、信長の父信秀（桃巌道見《とうがんどうけん》）の菩提寺である桃巌寺に、信秀父子のほか、勝家の位牌があると記している。また、大阪市の天鷲寺《てんしゅうじ》には勝家とお市の供養墓がある。

滋賀県の旧余呉町《よごちょう》（長浜市）の『菅山寺《かんざんじ》文書』によると、弘法《こうぼう》大師の筆になるという阿弥《あみ》陀経如来《だきょうにょらい》画像と不動明王《ふどうみょうおう》画像は勝家が所持していたが、天正八年（一五八〇）八月に勝家が同寺に寄付したという。また、彦根《ひこね》の大洞弁財天《おおほらべんざいてん》本地堂には近江国の古城主を列記したものが残されており、その中には「伊香郡柳ヶ瀬《やながせ》村城主　徳雲院殿雪渓素白大居士　柴田修理大夫」とある。『彦根市史』の解説によると、井伊《いい》家四代直興《なおおき》の時、大洞山に弁財天を祀《まつ》った際（元禄《げんろく》八年〔一六九五〕）、本地堂に近江国にある藩領内の古城主ならびに屋敷主二百二十八人の霊を弔って、「背面の壁に金文字でその戒名と俗名を連ねた」とし、「この種の史料としては最も信が置ける」と評価している。

異色の逸話も伝わる。賤ヶ岳の戦いで敗北した勝家が善龍寺（大阪府堺市）へ逃げ込んだという。このため、秀吉に善龍寺をはじめ一村ことごとく焼き払われたという伝承がある。

勝家の子孫と称する家系はいくつか確認できる。徳島県の『貞光町史《さだみつ》』引用の「柴田章一の家記」によると、佐久間盛次の子の「三左衛門勝政」は信長の小姓として安土城に出仕し、のち勝家の嗣子となり、賤ヶ岳の敗戦後、柴野忠三郎と改名して貞光村（徳島県つるぎ町）に移り住んだという。『貞光町史』によると、勝政の墓もあり、昭和十二年（一九三七）には三百年祭を執行している。

豊前小倉《ぶぜんこくら》の小笠原《おがさわら》家に仕えたという子孫もある。勝家の子という山田《やまだ》次郎勝房《かつふさ》の系統である。また、勝家の子とは明記されていないが、小笠原家に仕えた徳永茂長《とくながしげなが》の父柴田権右衛門勝之《かつゆき》は、越前から豊前の徳永村へ来て名字を徳永に改めたという（『諸士由緒』）。勝家の一族を想定しているのかもしれない。

鳥取《とっとり》池田家に仕えた野村勝吉《のむらかつよし》は勝家の末子という（『藩士家譜』）。紀州徳川家でも確認できる、勝家の子孫の三七郎勝時《かつとき》は、大坂夏の陣で大坂城に籠城したという経歴を持つ。この系統が紀州藩に仕えた（『紀州家中系譜並に親類書書上げ』）。阿波《あわ》蜂須賀家に仕えた岡嶋《おかじま》藤兵衛則房《のりふさ》は、勝家の子孫としている（『蜂須賀家家臣成立書弁系図』）。岐阜城下で成長した一子が大商人になったという伝承もある（『美濃国諸旧記』）。『浪華百事談《なにわひゃくじだん》』には柴田勝家の孫という家が紹介されている。「龍眼肉円」という練薬《ねりぐすり》を商っている柴田徳翁という旧家で、勝家の後裔と伝わっているという。家紋は勝家と同じ「雁《かり》がね」（二羽の雁が羽ばたいている図柄）だが、事実かどうかは未確認としている。このほかにも勝家の子孫とする怪しげな系図や、勝家に関する偽文書もある。

また、東京都三鷹《みたか》市の勝淵《かつぶち》神社には「柴田勝家兜埋納《かぶとまいのう》伝説」が伝わっている（馬場憲一「「記憶の場」の形成と「歴史的環境」との関わりについて—勝淵神社の柴田勝家兜埋納伝説を事例に—」）。勝家の子孫柴田勝房《かつふさ》が作成した古文書（天明《てんめい》五年〔一七八五〕）には、勝家の孫勝重《かつしげ》が大坂の陣の戦功で武蔵国仙川《せんかわ》郷を下賜され、その仙川郷に祖父勝家の兜を祀り、これが今の勝淵神社である旨を記している。『武蔵名勝図会《めいしょうずえ》』（文政《ぶんせい》三年〔一八二〇〕）の勝淵明神の項には「勝家が兜を埋《うずみ》しといふ」と記載されており、江戸時代後期には「祭祀」から「埋納」に変容していたという。

あとがき

柴田勝家の生涯も、やはり戦《いくさ》に明け暮れたといっても過言ではないだろう。尾張時代から北庄城の最期まで、戦い続けた武将であった。敗者の常として、残存する良質な史料が少なく、過小評価されているのが実情だろう。勝家を主役に据えた良質な軍記物があれば、その生涯がより鮮明になったと思われるが、そうした伝記は確認されていない。豊臣秀吉の伝記『天正記』(『秀吉事記』)には、『柴田合戦記』という軍記物があるが、もちろん勝家が主役ではなく、秀吉側から見た軍記である。書名を『柴田退治記』としているものもある。完全に敵役《かたきやく》である。勝家の歴史上に果たした役割も、のちに天下人となった秀吉の陰に隠れて遠く霞《かす》んでいる。こうしたなか、本書では歴史上に果たした勝家の事績を時系列に沿って追いかけ、その実像に迫るように努めた。

勝家は尾張出身の武将だが、晩年に活躍したのが北陸であるため、この方面での史料が比較的まとまって残っている。『福井県史』をはじめとした自治体史や、近年刊行された『加能史料』にも勝家関係の史料が採録されており、本書でも参考にさせていただいた。越前支配の実態の追究についても優れた研究が蓄積されつつあり、多くを学ぶことができた。

勝家の発給した文書については、武田氏研究の泰斗であった柴辻俊六氏が『織田政権の形成と地域支配』において、「柴田勝家発給文書目録」としてまとめており、勝家を中心に百二十七点が収集されている。要検討文書なども含まれているが、先行研究として参照させていただいた。勝家関連の史料については、信長研究の副産物としてそれなりに収集していたが、今回の執筆にあたって再度、収集、整理した。勝家の発給文書は前記目録に加え、四十点以上を確認することができた。勝家の花押については、まったく変化がなく没年時まで一貫しているという指摘もあったが、改めて写真版などで確認すると経年変化していることが分かった。書状の年次比定に役立てることができたほか、従来は原本とされていた文書が、じつは写《うつし》だったことも確認することができた。

「徳川四天王」ならぬ「織田四天王」という言葉があるらしい。もちろん、当時の史料には登場しない。検索すると、柴田勝家、丹羽長秀、滝川一益、明智光秀の四人を指す場合が多い。羽柴秀吉も佐久間信盛も入っていない。秀吉はのちに天下人となったので別格扱い、佐久間信盛は追放されたことで、除外されたのだろうか。しかし、信長の家臣の中で、吏僚系などを除いた武臣としては、やはり佐久間信盛と柴田勝家が最有力家臣である。信盛追放後は、勝家が筆頭家老というような表現をされることが多いが、後年の信長に「家老」といえるような役割の家臣は見当たらない。筆頭家老ではないが、晩年の信長の家臣の中では、実績、実力ともに文字通り家臣ナンバー1であろう。秀吉や光秀とは格が違ったともいえよう。

しかし、本能寺の変後の秀吉の武功によって、その立場は逆転した。勝家は、信長亡きあとも織田家に忠実な家臣であり、野心は感じられない。秀吉との決定的な差である。守勢の勝家が、強烈な野心を持つ秀吉に勝利することは困難だっただろう。それでも勝家は織田家(信長の遺志といえるかもしれない)を守ろうとした、いわゆる「忠臣」だった。これが勝家の限界だったという見方もできようか。

賤ヶ岳の戦いについては、数多くの軍記物が伝わっているが、良質なものは少ない。詳しく記述されているものもあるが、信を置きがたいものが多い。そのため、本書ではほとんど引用しなかった。賤ヶ岳の古戦場には、これまで何度か足を運んだことがあったが、今回も歴史研究の友人に改めて案内してもらった。城砦群などはとても一日や二日で回れるものではないが、多少の雰囲気は摑むことはできた。

最後に、編集部の並木光晴氏にはたいへんお世話になりました。感謝申し上げます。

二〇二三年三月

和田裕弘

主要参考文献

自治体史類は省いた。

■史料類

『浅井家家譜大成』（名古屋市鶴舞中央図書館蔵）
『朝倉始末記』（『小出本朝倉始末記』更訂編集第二版、永岡義一編集、一九九七年）
『秋田家文書』（東北帝国大学文学会編輯「文化」九巻九号、岩波書店、一九四二年）
『石谷家文書　将軍側近のみた戦国乱世』（浅利尚民・内池英樹編、吉川弘文館、二〇一五年）
『石山軍記外色々書込』（『太田牛一旧記』『別本御代々軍記』、個人蔵）
『和泉地侍覚書』（『泉大津市史』二、泉大津市、一九八三年）
『上杉家御年譜』一、二（米沢温故会、一九八八年）
『越前金津城主溝江家　溝江文書の解説と資料』（全国溝江氏々族会、二〇〇〇年）
『越前国主記』（福井県立図書館松平文庫蔵）
『越前世守録』（福井県文書館蔵）
『越前若狭地誌叢書』上、下（杉原丈夫・松原信之編、松見文庫、一九七一年・七三年）
『越登賀三州志』（石川県立図書館蔵、『重訂越登賀三州志』〔石川県図書館協会、一九三三年〕）
『越藩拾遺録』（東京大学史料編纂所蔵、福井県文書館蔵）
『厭蝕太平楽記』（早稲田大学図書館蔵）
『近江国木之本常巌坊残遊覚書』（池田家文庫蔵）

『近江国古文書志』二　坂田郡編上（『改訂近江国坂田郡志』六、戎光祥出版、二〇一〇年）
『大阪府史蹟名勝天然記念物』一（清文堂出版、一九七四年再刊）
『大崎玄蕃亀田大隅覚書』（和歌山県立図書館蔵）
『織田軍記』（早稲田大学出版部、一九一四年）
『織田信長の古文書』（山本博文・堀新・曽根勇二編、柏書房、二〇一六年）
『尾張古城志』（愛知県図書館蔵）
『尾張出生武士』（名古屋市鶴舞中央図書館蔵）
『尾張国人物志』（名古屋市鶴舞中央図書館蔵）
『尾張国人物志略』（国立公文書館内閣文庫蔵）
『御夜話集』上巻（石川県図書館協会、一九三三年）
『加賀藩史料』一、二（清文堂出版、一九七〇年復刻）
『兼見卿記』（東京大学史料編纂所蔵、『新訂増補兼見卿記』一〜七、八木書店、二〇一四〜一九年）
『兼右卿記』（東京大学史料編纂所蔵）
『加能史料』戦国一六、一七、補遺二（石川県、二〇一八〜二一年）
『亀田大隅守一世之内働之覚書』（金沢市立玉川図書館近世史料館蔵）
『河内屋可正旧記』（近世庶民史料、清文堂史料叢書第一刊、一九七〇年）
『管窺武鑑』（国立公文書館内閣文庫蔵）
『鳩巣小説脱漏』（国文学研究資料館蔵）
『教王護国寺文書』一〇（赤松俊秀編、平楽寺書店、一九七〇年）
『清須翁物語』（『清須翁書付』）（蓬左文庫蔵、名古屋市鶴舞中央図書館蔵）
『黒田家臣御系譜草稿』（福岡県立図書館蔵）
『軍戦記展観会目録』（石川県図書館協会、一九三五年）

『群雄書巻』（金沢市立玉川図書館近世史料館蔵）
『渓心院文』（国立公文書館内閣文庫蔵）
『国立国会図書館所蔵貴重書解題』四（国立国会図書館、一九七二年）
『古今類聚越前国誌』（歴史図書社、一九七三年）
『雑録追加』（石川県立図書館蔵）
『三州地理志稿』（『大日本地誌大系』四一、雄山閣、一九七一年）
『志津ヶ嶽合戦事小須賀九兵衛話』（『改定史籍集覧』一三、近藤出版部、一九〇六年）
『賤箇嶽記』（賤箇嶽戦記）（徳島県立図書館蔵、安井久善「『賤箇嶽記』攷―附架蔵本翻刻―」〔「商学集志」人文科学編七―一、一九七五年〕、安井久善「『賤箇嶽記』攷（承前）―附架蔵本翻刻―」〔「商学集志」人文科学編七―二、一九七五年〕）
『賤箇嶽戦記』（滋賀県立図書館蔵）
『柴田勝家公始末記』（金沢市立玉川図書館近世史料館蔵、東京大学史料編纂所蔵、足立尚計「校訂『柴田勝家公始末記』」〔福井市立郷土歴史博物館「研究紀要」一〇、二〇〇二年〕）
『柴田戦記』（聖藩文庫蔵）
『柴田退治記』（『秀吉三戦記』『豊臣太閤六ヶ条雑記』『柴田合戦記』ほか）（国立公文書館内閣文庫蔵、国立国会図書館蔵、神宮文庫蔵、『群書類従』『続群書類従』ほか）
『下京中出入之帳』（早稲田大学図書館蔵）
『十六・七世紀イエズス会日本報告集書』（松田毅一監訳、同朋舎、一九八七～九八年）
『諸家系図纂』（国立公文書館内閣文庫蔵）
『新撰信長記』（加賀市立図書館聖藩文庫蔵）
『新撰信長記脱漏』（加賀市立図書館聖藩文庫蔵）
『信長記』（小瀬甫庵著、早稲田大学図書館蔵、現代思潮社、一九八一年）

主要参考文献

『信長公記』(太田牛一著、池田家文庫蔵「信長記」ほか、角川書店、一九九三年)
『漸得雑記』(金沢市立玉川図書館近世史料館蔵)
『総見院殿追善記』(大阪城天守閣蔵)
『続刊古尊宿語要』(蔵経書院、一九一二年)
『続漸得雑記』(金沢市立玉川図書館近世史料館蔵)
『太閤記』(「新日本古典文学大系」六〇、岩波書店、一九九六年)
『太閤史料集』(桑田忠親校注、人物往来社、一九六五年)
『長氏文献集』(石川県図書館協会、一九七二年)
『長福寺文書の研究』(石井進編、山川出版社、一九九二年)
『利家公御代之覚書』(金沢市立玉川図書館近世史料館蔵)
『名古屋寺社記録集』(名古屋市鶴舞中央図書館蔵)
『播州小野藩一柳家史料由緒書』(小野市、一九九九年)
『秘笈叢書』(石川県立図書館蔵)
『尾州濃州御領分古城記』(蓬左文庫蔵)
『武家事紀』(国立公文書館内閣文庫蔵、『武家事紀』(山鹿素行先生全集刊行会、一九一五〜一八年))
『武家聞伝記』(国立公文書館内閣文庫蔵、『岡山のアーカイブズ』一〜一〇、岡山県立記録資料館、二〇一一〜二二年)
『譜牒余録』(国立公文書館内閣文庫蔵)
『フロイス日本史』(普及版、中央公論社、一九八一・八二年)
『北越家書』(国立公文書館内閣文庫蔵)
『北陸七国志』(戦記資料『北陸七国志　加能越軍記集』、歴史図書社、一九七九年、『通俗日本全史』一七、早稲田大学出版部、一九一三年)

『松平記』（国立公文書館内閣文庫蔵、東京大学史料編纂所蔵ほか、『三河文献集成』中世編、国書刊行会、一九八〇年復刻）
『三壺聞書』（金沢市立玉川図書館近世史料館蔵、『三壺聞書』〔『金沢城普請作事史料』五〕石川県金沢城調査研究所、二〇一七年）
『美作古簡集』（津山郷土博物館蔵、『美作古簡集註解』〔名著出版、一九七六年〕）
『美作諸家感状記』（津山郷土博物館蔵）
『武蔵名勝図会』（国立国会図書館蔵、早稲田大学図書館蔵）
『村上家系図書翰等控』（金沢市立玉川図書館近世史料館蔵）
『名将言行録』二（岩波書店、一九九七年）
『薬師寺の中世文書』（及川亘編、東京大学史料編纂所研究成果報告、二〇一六年）
『野史』三（日本随筆大成刊行会、一九二九年）
『柳瀬合戦前後略譜』（金沢市立玉川図書館近世史料館蔵）
『柳瀬合戦略記』（金沢市立玉川図書館近世史料館蔵）
『山鹿素行全集』思想篇六〜八（岩波書店、一九四一年）
『略譜』（国立公文書館内閣文庫蔵）

■論　著

足立尚計「柴田勝家の肖像画をめぐって—附　翻刻・筑後柳川柴田家家譜『歴代表』—」（福井市立郷土歴史博物館「研究紀要」三、一九九五年）
跡部信「柴田勝家書状」（「大阪城天守閣紀要」四四、二〇二〇年）
阿部洋輔「溝口家所伝の柴田勝家書状について—本能寺の変をめぐる—」（「新発田郷土誌」四七号、新発田郷土研究会、二〇一九年）

新井康友編『柴田一族』（日本家系協会出版部、一九七四年）
井口友治「柴田勝家後嗣・柴田宮内少輔の実在」（「天下布武」三二、織田信長家臣団研究会、二〇二一年）
井上和代『豊臣秀頼』（自家版、一九九二年）
今福匡『「東国の雄」上杉景勝』（KADOKAWA、二〇二一年）
上田穣「三雲家文書について」（大阪市立博物館「研究紀要」四、一九七二年）
臼井進「柴田勝家の越前支配について―信長の知行安堵状をめぐって―」（「史叢」五一、一九九三年）
追手門学院大学アジア学科編『秀吉伝説序説と『天正軍記』（影印・翻字）』（和泉書院、二〇一二年）
大河内勇介「本能寺の変直後の柴田勝家と丹羽長秀」（「福井県立歴史博物館紀要」一四号、二〇二一年）
大河内勇介「戦国時代の真柄氏」（「福井県立歴史博物館紀要」特別号、二〇二二年）
太田浩司「総説賤ヶ岳の戦い」（「み〜な」一〇八、長浜み〜な協会、二〇一〇年）
太田浩司「京極高次」（「み〜な」一四六、長浜み〜な協会、二〇二一年）
大西泰正編著『前田利家・利長』（「シリーズ・織豊大名の研究」三、戎光祥出版、二〇一六年）
大西泰正『前田利家・利長』（平凡社、二〇一九年）
海津一朗編『中世都市根来寺と紀州惣国』（同成社、二〇一三年）
角明浩「清須会議後の羽柴秀吉と柴田勝家」（渡邊大門編『秀吉襲来』、東京堂出版、二〇二一年）
金子拓『織田信長という歴史』（勉誠出版、二〇〇九年）
金子拓編『『信長記』と信長・秀吉の時代』（勉誠出版、二〇一二年）
金子拓「本能寺の変「時間」と情報―太陽コレクションに寄せて―」（『大信長展　信長とその一族・家臣・ライバルたち』、太陽コレクション、二〇一六年）
金子拓「なぜ、柴田勝家と惟住（丹羽）長秀は秀吉に先を越されたのか？」（『ここまでわかった 本能寺の変と明智光秀』、洋泉社、二〇一六年）
川田順『戦国時代和歌集』（甲鳥書林、一九四三年）

菊池紳一『図説 前田利家』(新人物往来社、二〇〇二年)
木越隆三『織豊期検地と石高の研究』(桂書房、二〇〇〇年)
木藤才蔵『連歌史論考』下 増補改訂版(明治書院、一九九三年)
木村徳衛『土佐文書解説』(自家版、一九三五年)
桐野作人「内中尾山城に魅せられて」(「み〜な」一〇八、長浜み〜な協会、二〇一〇年)
金龍静・木越祐馨編『顕如』(宮帯出版社、二〇一六年)
小泉義博「戦国期の北庄橋」(「若越郷土研究」三七―三、一九九二年)
小泉義博『越前一向衆の研究』(法藏館、一九九九年)
小谷利明・弓倉弘年編『南近畿の戦国時代』(戎光祥出版、二〇一七年)
佐伯哲也『戦国の北陸動乱と城郭』(戎光祥出版、二〇一七年)
坂井尚登「地形から読み解く 賤ヶ岳の戦い」(『歴史群像』一七四、二〇二二年)
佐藤圭「信長時代の徳山氏と越前」(「若越郷土研究」四〇―三、一九九五年)
佐藤圭「建部賢文書写「越前国掟」について」(「ぐんしょ」再刊四四、一九九九年)
滋賀県教育委員会編『近江城郭探訪 合戦の舞台を歩く』(滋賀県文化財保護協会、二〇〇六年)
柴裕之『清須会議』(戎光祥出版、二〇一八年)
柴裕之「秀吉の天下人への台頭と織田家の臣従」(渡邊大門編『秀吉襲来』、東京堂出版、二〇二一年)
柴辻俊六『織田政権の形成と地域支配』(戎光祥出版、二〇一六年)
島内景二「越後新発田藩家老・溝口長裕の伝記的研究」(「電気通信大学紀要」一九―一・二、二〇〇六年)
島内景二「越後新発田藩家老・溝口長裕の伝記的研究(続)」(「電気通信大学紀要」二〇―一・二、二〇〇七年)
島崎圭一『柴田勝家伝』(島崎文庫、一九三二年)
白崎金三編『余呉の庄と賤ヶ岳合戦』(余呉町教育委員会、一九八六年)

須永金三郎『柴田史料』（自家版、一九〇九年）
高岡徹「本能寺の変前後の越中松倉・魚津城」（『富山史壇』一七六、二〇一五年）
高岡徹『戦国期越中の攻防』（岩田書院、二〇一六年）
髙木叙子「柴田勝家画像模写事業報告」（滋賀県立安土城考古博物館『紀要』一四、二〇〇六年）
高木洋「ルイス・フロイスの岐阜来訪―1569年7月12日付書簡（アルカラ版）全訳―」（岐阜市歴史博物館『研究紀要』一七、二〇〇五年）
髙橋方紀「ルイス・フロイス『4種の記録』からみた岐阜城の構造」（岐阜市歴史博物館『研究紀要』二二、二〇一五年）
高柳光壽『戦史ドキュメント 賤ヶ岳の戦い』（学習研究社、二〇〇一年）
高山市制五十周年金森公領国四百年記念行事推進協議会編『飛驒金森史』（金森公顕彰会、一九八六年）
竹間芳明『北陸の戦国時代と一揆』（高志書院、二〇一二年）
竹本千鶴『織豊期の茶会と政治』（思文閣出版、二〇〇六年）
竹本千鶴『松井友閑』（吉川弘文館、二〇一八年）
谷口克広「元亀年間における信長の近江支配体制について―織田宿将の分封支配をめぐって―」（『日本歴史』四七一、一九八七年）
鶴巻康志「「本能寺の変」を巡るふたつの「しばた」」（新発田市立歴史図書館 二〇一九年度秋季企画展配布資料、二〇一九年）
中井均『秀吉と家臣団の城』（KADOKAWA、二〇二一年）
長澤伸樹「材木調達からみた柴田勝家の越前支配」（『織豊期研究』一三、二〇一一年）
中根千絵・薄田大輔編『合戦図―描かれた〈武〉』（勉誠出版、二〇二一年）
西島太郎「京極忠高の出生―侍女於崎の懐妊をめぐる高次・初・マリア・龍子―」（『松江歴史館研究紀要』一、二〇一一年）

萩原大輔「天正年間中期の富山城」（『富山史壇』一六一、二〇一〇年）
幡鎌一弘「十六世紀における「興福寺衆中引付」の整理と検討」（『奈良歴史研究』五六、二〇〇一年）
馬場憲一「「記憶の場」の形成と「歴史的環境」との関わりについて―勝淵神社の柴田勝家兜埋納伝説を事例に―」（『現代福祉研究』一五、二〇一五年）
伴五十嗣郎・幾田活司「大乗院門跡尋憲筆『越前国相越記』」（『福井市立郷土歴史博物館々報』復刊一、一九七四年）
深谷幸治「織田政権期近江の代官支配について」（『人民の歴史学』一一四、一九九二年）
藤井讓治編『織豊期主要人物居所集成』（第二版、思文閣出版、二〇一六年）
藤田達生『本能寺の変』（講談社、二〇一九年）
北陸中世近世移行期研究会編『地域統合の多様と複合』（桂書房、二〇二一年）
堀新『天下統一から鎖国へ』（吉川弘文館、二〇一〇年）
堀越祐一「國學院大學図書館所蔵『浅野家伝記』について」（『國學院大學校史・学術資産研究』六、國學院大學研究開発推進機構校史・学術資産研究センター、二〇一四年）
増田公輔「勝安の位牌と畔川道場」（『広報かつやま』五六三、勝山市、二〇〇二年）
松浦義則「柴田勝家の越前検地と村落」（『史学研究』一六〇、広島史学研究会、一九八三年。のち『戦国期越前の領国支配』に所収、戎光祥出版、二〇一七年）
松下浩「柴田勝家の越前支配」（滋賀県安土城郭調査研究所『研究紀要』六、一九九八年）
松原信之「柴田勝家の北庄城とその城下町」（『若越郷土研究』七―三、一九六二年）
松本和也「永禄十二年伴天連追放の綸旨の影響―一五六九年七月十二日付ルイス・フロイス書簡の考察―」（『研究キリシタン学』一二、二〇一〇年）
丸島和洋「織田権力の北陸支配」（戦国史研究会編『織田権力の地域支配』、岩田書院、二〇一一年）
森恒救『福井藩史話』（歴史図書社、一九七五年）

山口充・佐伯哲也編『北陸の名城を歩く　福井編』（吉川弘文館、二〇二二年）
山﨑布美「織田信孝の継目安堵―織田権力の終焉をみる」（『国史学』二一五、国史学会、二〇一五年）
横山住雄「徳山家文書の伝来と新出徳山家文書の紹介」（『濃飛の文化財』二九、一九八九年）
吉原実「柴田・佐久間・吉原氏の系譜近江高島・幡岳寺資料を中心として」（『石川郷土史学会々誌』三四、二〇〇一年）
和田裕弘『織田信長の家臣団―派閥と人間関係』（中央公論新社、二〇一七年）
『賤ヶ岳の戦い』（歴史群像シリーズ一五、学習研究社、一九八九年）

■報告書・図録類

『飯綱の地をひらいた〝殿様〟―佐久間兄弟と長沼藩・飯山藩―』（いいづな歴史ふれあい館、二〇一五年）
『国衆からみた光秀・藤孝―丹波・乙訓と織田権力―』（大山崎町歴史資料館、一九八九年）
『柴田勝家―北庄に掛けた夢とプライド―』（福井市立郷土歴史博物館、二〇〇六年）
『末森城等城館跡群発掘調査等報告書』（宝達志水町教育委員会、二〇〇七年）
『大信長展　信長とその一族・家臣・ライバルたち』（太陽コレクション、二〇一六年）
『天下人の時代―信長・秀吉・家康と越前』（福井県立歴史博物館、二〇二〇年）
『天下人の時代と坂井―戦国武将の息吹と足跡』（みくに龍翔館、二〇一一年）
『福井県埋蔵文化財調査報告』一〇二・一四六（福井県教育庁埋蔵文化財調査センター、二〇〇八・一四年）
『福井城跡』一一（福井市教育委員会、二〇一二年）
『福井の肖像画』（福井市立郷土歴史博物館、一九九三年）
『前田利家関係蔵品図録』（前田育徳会尊経閣文庫、一九九九年）

■史料集・辞典・事典類

『尾張群書系図部集』(加藤國光編、続群書類従完成会、一九九七年)
『寛永諸家系図伝』(続群書類従完成会)
『干城録』(汲古書院、人間舎)
『新訂寛政重修諸家譜』(続群書類従完成会)
『群書系図部集』(続群書類従完成会、一九九五年)
『系図纂要』(名著出版)
『系図綜覧』
『充実茶掛の禅語辞典』(淡交社、二〇一六年)
『史料纂集』
『史料綜覧』
『戦国遺文』(東京堂出版、一九八九〜二〇一八年)
『大日本古記録』
『大日本古文書』
『大日本史料』
『大坂の陣 豊臣方人物事典』(第二版、柏木輝久著、宮帯出版社、二〇一八年)
『織田信長家臣人名辞典』(第二版、谷口克広著、吉川弘文館、二〇一〇年)
『織田信長総合事典』(岡田正人編著、雄山閣出版、一九九九年)
『姓氏家系大辭典』(太田亮著、角川書店、一九六三年)
『戦国軍記事典 天下統一篇』(古典遺産の会編、和泉書院、二〇一一年)
『戦国人名辞典』(増訂版、高柳光壽・松平年一著、吉川弘文館、一九七三年)
『角川日本姓氏歴史大辞典』(竹内理三他編、角川書店、一九八九〜九八年)

主要参考文献

『角川日本地名大辞典』（角川書店、一九七八～九〇年）
『日本歴史地名大系』（平凡社、一九七九～二〇〇五年）

柴田勝家略年譜

（年齢は数え年）

和暦（西暦）	年齢	出来事
大永七年（一五二七）	一歳	この年、尾張国上社村で生まれる（諸説あり）。
天文二十一年（一五五二）	二十六歳	信長の父信秀の銭施行に信勝の家老として参列する。八月、萱津の戦いに参陣し、中条小一郎とともに坂井甚介を討ち取る。
天文二十二年（一五五三）	二十七歳	七月、清須城攻めの大将として織田三位らを討ち取る。
天文二十四年（一五五五）	二十九歳	六月、信長弟の喜六郎が守山城主織田孫十郎の家臣に誤殺されたため、信勝の指示で木が崎口まで出陣し、守山城を威圧する。
弘治二年（一五五六）	三十歳	八月、信長との稲生原の戦いで大敗する。
永禄元年（一五五八）	三十二歳	三月、信勝が龍泉寺に砦を構築し、再度謀叛の動きを示したことで信長に密告する。十一月、信勝は誘殺される。
永禄三年（一五六〇）	三十四歳	五月、桶狭間の戦いに従軍する。
永禄八年（一五六五）	三十九歳	七月、尾張寂光院に所領を安堵する。
永禄十一年（一五六八）	四十二歳	九月、上洛戦に供奉し、勝龍寺城を攻撃する。
永禄十二年（一五六九）	四十三歳	四月、堺に矢銭の供出を命じる。閏五月、岐阜を訪れたルイス・フロイス一行を接待する。八月、北畠氏の大河内城攻めに従軍する。
元亀元年（一五七〇）	四十四歳	四月、越前朝倉氏攻めに従軍する。五月、長光寺城に在番する。六月、六角氏と合戦し、勝利する。姉川の戦い。八月、摂津の三

			好攻めに従軍する。九月、二条御所を警固する。比叡山に籠った朝倉軍を攻囲する。
元亀二年	（一五七一）	四十五歳	五月、長島攻めに従軍し、負傷する。九月、志村城を攻撃する。比叡山焼き討ち。
元亀三年	（一五七二）	四十六歳	閏一月、和泉の玉井遠江守に返書する。四月、河内へ出陣する。七月、信長の嫡男信忠の初陣に従軍し、小谷城下を攻撃する。八月頃、中川重政と紛争する。
天正元年	（一五七三）	四十七歳	二月、将軍義昭方の石山砦を攻略する。四月、「総司令官」として二条御所の義昭を威嚇する。七月、再度謀叛した義昭の家臣が籠城する二条御所を開城させる。義昭が籠城する槇島城攻めに従軍し、攻略する。八月、浅井氏援軍の朝倉義景追撃の先陣を命じられるも怠慢により他の重臣とともに信長に叱責される。越前に侵攻する。九月、六角義治が籠城する鯰江城を攻略する。九月、第二次長島攻めに従軍する。十一月、河内国で軍事行動する。
天正二年	（一五七四）	四十八歳	二月、美濃明智城の救援に従軍する。大和国へ進駐する。三月、多聞山城に入る。信長の上洛に合わせて上洛する。信長の蘭奢待切り取りの奉行を勤める。七月、第三次長島攻めに従軍する。十月頃、罹病する。
天正三年	（一五七五）	四十九歳	四月、三好康長が籠城する高屋城攻めに従軍する。六月、近江の領地で水争いを裁許する。八月、越前再征に従軍し、武功を挙げる。九月、信長から越前支配を委任され、越前平定を進める。尾張・美

			濃出身の「越前衆」を与力に付けられる。
天正四年	（一五七六）	五十歳	一月、一揆勢が蜂起し、鎮圧に出陣する。三月、黒印状で越前国内に対して掟書を発布し、領国支配の基本方針を打ち出す。
天正五年	（一五七七）	五十一歳	二月、検地を実施する。八月、上杉謙信の南下に対応し、信長に代わって北陸軍の総大将として出陣する。九月、手取川の戦いで敗北したという。
天正六年	（一五七八）	五十二歳	三月、九頭龍川に舟橋を架けるという。九月、長連龍に年内の赴援は困難だが、来春には出陣すると伝える。
天正七年	（一五七九）	五十三歳	八月、加賀国へ侵攻する。
天正八年	（一五八〇）	五十四歳	閏三月、加賀奥郡に侵攻する。信長から加賀国での休戦を命じられる。四月頃、加賀、能登を平定したと信長の上使に報告する。十一月、加賀国の一揆衆の首級を安土の信長へ進上する。
天正九年	（一五八一）	五十五歳	二月、上洛し、信長の茶会に出席する。馬揃えに参加し、その後有馬で湯治を予定する。三月、北陸軍の留守を衝いて侵攻した上杉景勝を討伐するため帰国し、越中に援軍を派遣する。四月、越前に下向してきたルイス・フロイスに南蛮船を加賀国へ来航させるように求める。五月、伊達家重臣の遠藤基信に初めて音信する。七月、安東愛季に音信する。
天正十年	（一五八二）	五十六歳	三月、富山城を攻囲する。信長から武田家討滅の情報を受ける。五月、松倉城を攻略する。六月、本能寺の変。魚津城を攻略する。本能寺の変の急報を得て北庄城へ帰城する。六月、清須会議で織田家

		の後継者、遺領配分などを決定する。九月頃、信長の妹お市を娶る。十二月、長浜城の柴田勝豊、岐阜城の織田信孝、秀吉に降伏する。
天正十一年（一五八三）	五十七歳	三月、北近江に出陣する。四月、賤ヶ岳の戦いに敗北し、北庄城で自害する。

地図作成　ケー・アイ・プランニング

和田裕弘（わだ・やすひろ）

1962年（昭和37年），奈良県に生まれる．戦国史研究家．織豊期研究会会員．著書に『織田信長の家臣団―派閥と人間関係』『信長公記―戦国覇者の一級史料』『織田信忠―天下人の嫡男』『天正伊賀の乱』（以上，中公新書），『真説 本能寺の変』（共著，集英社），『信長公記を読む』（共著，吉川弘文館），『『信長記』と信長・秀吉の時代』（共著，勉誠出版）など．

柴田《しばた》勝家《かついえ》
中公新書 *2758*

2023年 6 月25日発行

著　者　和田裕弘
発行者　安部順一

本文印刷　三晃印刷
カバー印刷　大熊整美堂
製　　本　小泉製本

発行所　中央公論新社
〒100-8152
東京都千代田区大手町 1-7-1
電話　販売 03-5299-1730
　　　編集 03-5299-1830
URL https://www.chuko.co.jp/

Published by CHUOKORON-SHINSHA, INC.
Printed in Japan　ISBN978-4-12-102758-0 C1221